JN437995

몰래 찾아온 바람의 교태

몰래 찾아온 바람의 교태

김동기 지음

맵씨터

몰래 찾아온 바람의 교태

초판인쇄 2013년 11월 20일
초판발행 2013년 11월 30일

지 은 이 김 동 기
펴 낸 이 김 정 희
펴 낸 곳 맵씨터
등　　록 제2002-000026호
주　　소 서울특별시 성동구 아차산로 3(성수동1가) 502호
전　　화 (02)464-7708 / 3409-4488
전　　송 (02)499-0846
이 메 일 hkm7708@hanmail.net

책값은 뒷표지에 있습니다.

ISBN 978-89-969760-4-2 03810
(CIP제어번호: CIP2013025253)

서문

몰래 찾아온 바람의 교태

오늘도 바람이 교태를 부린다. 온종일 설움을 늘어놓고 배뱅이처럼 굿판을 벌리더니 어둠 속으로 잠잠히 사라진다. 인생이 꼭 바람과 같다. 매일 만나고 매일 이별하면서도 그것들의 기억이 잃어갈수록 더러는 후회가 되고 더러는 아픔으로 다가온다.

이제 내 곁에서 더 빠른 시간 속으로 우정과 사랑이 떠나갈 것이다. 나를 아는 이들이 점점 세상에서 사라지고, 쌓아둔 모든 재물도 소용이 없고야말 것이다. 더러는 내가 지닌 미움도 떠나갈 것이다. 내 아픔도 사라질 것이다. 한마디로 '몰래 찾아온 바람의 교태'는 스스로 소소한 일상을 묻고 답하는 얘기다.

내 나이 딱 70이다. 평생을 甲으로 살아본 경험도 없지만 구차해도 피하거나 도망치지는 않았다. 나는 부자의 경험도 없다. 권력의 말석에도 앉아보지 못했다. 그러면서도 내 딴에는 평범한 이야기를 맛깔스럽게 써보려고 욕심을 부렸으니 바라건대, 현명한 독자의 이해를 기대한다.

노욕일까. 아들을 장가보내고 버릇이 하나 생겼다. 이따금 먼발치 지인들이 참 그립더라, 어느 때는 한가한 노년의 친구가 부럽기도 하더라. 지지난달 식구의 생일잔치를 잘 차려서 잘 먹었는데도 장독대에 고인 아내의 묵은 장맛이 혀끝에서 대롱대롱 머문다. 누가 내 이름을 불러줄 것인가. 기다려지는 하루다.

2013년 가을
능마루 동순당 감나무 곁에서 쓰다.
(정촌) 김 동 기

차례

2부 여름 바람의 교태

3부 가을 500원의 행복

4부 겨울 인생이 나보고 얘기 좀 하잔다

1부 봄봄

꽃이 묻다

또 하루

자고나니 또 아침이다. 아침이 내게 말하기를, 세상은 아직 가보지 못한 길이 있다. 뜸들이지 말고 지금 당장 무엇이든 할 수 있다고 믿어라. 어서 나서라. 요즘처럼 초(秒) 개념으로 환산하는 세상이고 보면 누구에게나 밥 먹는 시간과 잠자는 시간도 황금이다. 그렇다. 행운은 날마다 다가오지만 그것을 쉽게 알아차리지 못하는 거가 일상이다. 오늘 이 아침은 가장 젊고, 가장 신선한 역사의 시작이다.

서울은 통합의 도시다. 내가 반세기 동안이나 살아온 마을이다. 서울은 천만의 시민들이 천만가지 이상의 이야기들을 꾸며낸다. 어깨를 부딪치며 살지만 이 땅이 부서지지 않는 한 계속될 것이다. 재수 있는 사람들은 좋겠다. 뜻하지 않던 사람이 나타나서 빚을 갚는다며 두툼한 돈 봉투 하나 주고 간다면 사기꾼이라고 욕했던 그 사람에게 되레 고맙다 하겠지.

사람은 누구나 자기 영토에서 만족을 누리려고 한다. 약간 힘을 쓰지만 영토를 넓히는 전략은 결코 힘이 아니다. 자고로, 스스로 자기 마음의 빗장을 풀어야한다. 바보 같이 웃으면서 똑똑하게 사는 지혜라고나 할까. 바보가 바보라서 아니라 나부터 인간미가 넘치는 사람이어야 한다는 말이다.

봄인가 싶더니 또 겨울날씨다. 이런 날은 국밥이 최고인데 혼자 먹긴 좀 그렇고 해서 꼰대친구를 불러다 함께 곰국을 먹었다. 참 오랜 만이다. 우린 ㅋㅋ 배가 터질 것 같다며 쑥 배를 맞대고 웃었다. 뭐니 뭐니 해도 배가 든든해야 살맛이 생긴다.

TV에서 나이든 할머니해녀가 귀걸이 하시고 바다에 뛰어드는 모습을 보여준다. 리포터가 물질하시는데 왠 귀걸이냐고 묻자 "예뻐지고 싶어서 하는 거지. 고기들도 예쁜 해녀를 좋아하거든, 화장한 날은 더 잡혀요! ㅋㅋㅋ"

아내 얼굴도 나팔꽃처럼 화사해졌다. 나와 아내는 요다음 나이가 훨씬 들어서도 무엇보다 성한 다리로 멀쩡하게 사는 것이 초미의 관심사다. 그렇게만 되면 방안에 처박혀서 빌어먹을 고독과 싸울 일도 없을 테고, 언제 어디서든 남들의 동정어린 눈치를 보지 않아도 되니까 얼마나 떳떳한가.

나도 희망 하나 생겼다. 서울시내 택시운전기사 중에서 70대 노인이 1,500명이나 된다고 한다. 그리고 80세 이상이 80명 정도라고 한다. 1종보통운전면허증을 매만지며 공연히 싱글벙글 마음이 봄꽃처럼 설렌다.

우리가 살면 얼마나 살까. 아무리 장수 사회라고 하지만 125 살을 크게 웃돌지 못할 거라는 게 지금의 판단이다. 그래서 말인데, 날마다 오늘이 마지막일지도 모른다고 생각하면 조금은 마음이 편해진다. 더 많이 가질 욕심도 없고, 아옹다옹 싸움질할 이유가 없다. 용서하지 못할 까닭도 없다.

모처럼 아내의 귓속말이 간질간질 들린다.

"우리 아들 애인이 생겼대!"

"뭐? 승일이가 여자친구 생겼다고?"

하긴, 성화를 좀 댔더니 효심을 보이는 거 같아서 용기가 생긴다. 아들아, 남자는 이성과 교제가 시작되면서부터 훨씬 건강한 성장을 하게 된다. 멀지 않아 네 앞에 거대한 세상이 펼쳐질 것이고 신비로움을 경험할 수 있는 기회도 자주 갖게 될 것이다. 간혹 실망하는 경우도 생기겠지만 혼자 생각하고 혼자 결정해야 하는 똑똑한 리더십이 성공의 관건이다.

아들아, 짧은 만남이지만 또 하루가 간다. 내일 또 아침이 올 것이나 그래서 날마다 달라지는 하루가 멋있고 재밌게 살아야 하는 이유가 되며, 우리들의 의미 있는 삶이어야 하는 까닭이다. 사랑으로 이해하고, 사랑으로 용서하고, 사랑으로 화해하고, 사랑으로 배려하고, 이 모든 것들이 네가 적극적으로 감당해야할 일상이다.

해를 본다
달도 본다
저 구름 한 점

산다는 것w은

바람처럼 떠돌다

말없이 하루가 부서지는 것

부서진 넋이 차곡차곡 쌓여만 가는 것 (졸시 : 세월 전문)

사월의 반란

> 창밖 좀 보라/ 저 어린 꽃들의 미소를 보라/ 화사처럼 맨몸이 꿈틀대는 화양기 좀 보라/ 봄바람이 뿌리 째 풀포기들을 들어올리는/ 초록의 가쁜 숨소리 좀 들어 보아라/ 4월이 아니고서/ 누가 저렇게 세상을 번쩍 들어 올려놓을 것인가 (졸시 : 4월의 반란)

4월이다. 일 년 중 자연의 생명들이 가장 살맛을 느낄 때다. 약동하는 초록의 계절이라고도 한다. 누가 와서 다짜고짜 바꿀 때가 됐다며 새 번지를 달아주고 간다. 가면서 '부자로 오래 사세요.' 한다. 그래서 '유강원길 13호' 주소가 지금은 '천호대로110길 39호'다. 익숙한 옛 번지에 미련이 없기야 하겠는가마는 왠지 잃어버린 서운함보다 새로 맞이하는 설렘이 나를 더 젊게 한다.

확실히 봄은 살아가는 이유를 말해준다. 살고자 하는 사람에게 희망을 주고, 더 잘 살겠다고 하는 사람에게는 지혜를 준다. 하지만 아무나 무턱대고 주는 것이 아니라 필요한 것을 필요한 만큼 가진 자에게서 나누어 주는 것이다. 그래서 4월은 거만하지 않다. 주방기구를 여기저기 세워놓고 마구 두드려 패면 그 소리가 조화를 이루어 난타음악이 되는 것처럼 4월은 우리에게 웅장한 믿음과 희망의 교향악이다.

서울은 지금 한창 봄에 들떠 있다. 한강변은 봄기운이 넘쳐서 일본으로부터 유출된 방사능 공포조차도 봄心을 못 막아 햇살이 밝히는 토요일 오후 꽃구경하기 좋은 날씨다. 나는 외손자 고놈을 자전거 뒤에 태우고 봄나들이 나섰다. 광진교 서쪽 광장동에서 다리를 타고 물 위를 조심조심 달려 동쪽 끝(천호동) 광나루공원으로 빠졌다.

1971년 내가 결혼해서 살던 곳. 풍납토성(풍납동)이다. 광진교 위를 걷거나 버스를 타고 줄기차게 다녔다. 당시엔 서울에서 가장 낮은 음지였다고나 할까. 가난한 사람들이 모래땅에 거적때기로 얼기설기 바람막이 하고, 호박밭을 일구며 산 것이 점차 동네가 됐다. 광진교 하류 그 광활한 호박밭 강촌이 지금의 광나루공원이다.

광진교 상류 둔치는 그냥 멱이나 감을 정도의 '생강놀이터'다. 지금은 갖가지 시설물이 즐비하고 곡선 갓길에 진달래, 산수유, 벚꽃, 라일락꽃들이 아기자기 서 있지만 어린 조카들과 배꼽이 닿을까 말까한 수심에서 잠수하고 솟구치기도 하며 물놀이를 했다. 나는 거꾸로 놀이기구에 매달려서 옛 추억(냉차, 빙수, 공갈빵, 솜사탕 등) 을 떠올리며 사방을 본다.

저 아래 청담대교가 보인다. 은빛 물결에 눈이 부시고 강변의 고층 아파트들이 물위에 머리를 박고 서서 넘실넘실 얼비친다. 실제 모습보다 훨씬 아름다운 고품격 추상화 같다.

동호대교 남쪽 끄트머리도 아물아물하다. 오렌지족이 산다는 압구정동은 가난한 사람들의 선망이지만 그저 바라만 보다가 '허'하며 떠난 이들이 부지기수다. 나는 1960년부터 10년간 동호대교 북단(옥수동)에서도 살았다. 다리 즈음에서 벌거벗고 수영하던 날들이 엊그제 같은데 손꼽아 세어보니 어언 반세기가 지났다. 동호대교는 옥수동과 압구정동(남단)을 잇는 1,160m 다리다.

봄의 감성이 풍부한 광진교 위로 올라왔다. 와서 낭만을 포식하는 동안 자전거 페달속도가 점점 느려진다. 힘도 부쳐왔다. 덩치로 봐서 아직은 내가 저보다 월등히 힘이 셀 것만 같은데 사랑도 모르고 이별조차 알 리가 없는 고놈이 '할아버지, 더 빨리 달려요' 하고 궁둥이를 들썩대며 득달같이 보챈다. 하지만 이미 강을 다 건너온 터다.

집이 최고다. 그동안 흑싸리 껍데기 같은 4월도 많았고 참나무 같은 4월도 있었다. 떠나고 싶어도 아이들이 크고 자란 집인데 함부로 떠날 수 없는 처지다. 난 아무 때고 돌아갈 내 고향이 있지마는 자식들은 그곳이 타향이기에 더는 이산의 아픔을 대물림하고 싶지도 않다. 그리하여 오래 눌러 살 계획이다. 4월처럼 살고 싶다. 아내랑 아이들이랑 4월의 예쁜 꽃처럼- 4월의 고마운 바람처럼- 4월의 따뜻한 햇살처럼 살고 싶은 것이다.

지금 목련이 피고 있어요

뜰 안의 목련이 피네요. 갓 시집온 며느리처럼 뽀얀 얼굴에 다 엷은 립스틱 미소가 참 멋져요. 봄을 노래하는 詩적 감동이 또랑또랑 아름답군요. 오후쯤에는 졸거나 꿈을 꾸는 거 같기도 하는 고고한 자태가 얼마나 매력적인지 누가 봐도 반할 거예요. 곧 사랑에 빠져들 거예요.

꽃을 저렇게 피우기까지 얼마나 참고 참아야만 될까요. 지금은 꽃이란 이름으로 웃지만 한 송이 꽃이 되기 위해서 눈보라 비바람에 가슴을 웅크리고 앉아서 밤이나 낮이나 애태우며 봄을 기다렸겠지요. 봄은 모든 생명의 시작이랍니다. 모든 이들의 희망이랍니다. 기대하는 열정의 청춘이랍니다. 가장 고고한 사랑이랍니다.

아내 얼굴에 봄이 앉았습니다. 화사한 햇살이 부십니다. 나와 아내는 꽃밭에서 흙을 도담도담 고를까 합니다. 어린 나무들을 어루만져주고, 겨우내 온실에만 갇혀 있던 화분들도 양지바른 곳에 내어 놓을 것입니다. 우리가 봄의 호사를 누리는 동안 딸네 식구들이랑 아들 내외가 와서 목련꽃 사진을 인터넷에 올리며 아마도 좋은 한나절 보낼 테지요.

오늘 둘째 사위가 승진했다는 소식을 들었습니다. 아내가 덩실덩실 춤을 추대요. 기쁜 소식은 빨리 알려야 한다며, 춤추다말고 얼른 아들에게 전화를 걸더니 가장 먼저 알려주려고 했는데 지 누나한테 선수를 빼앗겼다고 하더군요. 우리 가족은 모처럼 근사한 식사를 하게 되었답니다. 씹을수록 씹히는 질감이 입 안 가득 말입니다.

우린 오미자(五味子)차를 마셨지요. 선입견 탓인지는 몰라도 달다 하면 달고, 시다고 생각하면 신맛이 들고, 때론 씁쓸한 맛이 나기도 하여 맛의 변덕이 아닐까 하는 생각이 들더군요. 하지만 식후라서 또 다른 별미를 느낄 수 있었답니다. 먹어서 몸 어디에나 좋은 다양한 맛이 오미자의 절묘한 매력이라는 것을 익히 들어온 터라 더는 의심하지 않았습니다.

오미자란 예로부터 입 안에서 느껴지는 단맛, 쓴맛, 신맛, 짠맛, 매운맛의 열매로 우리 인체에 유익한 식물이라고 하지요. 오미자나무는 다섯 가지 맛뿐만 아니라 또 다른 다섯 가지 덕의 의미를 가진 五美子로써 1)남에게 은혜를 베풀되 낭비하지 않고, 2)수고하되 원망하지 않고, 3)욕심은 갖되 탐하지 않고, 4)태연하되 교만하지 않으며, 5)위세가 있되 사납지 않음을 말한다고 합니다.

나는 차를 마시며 生의 五味와 삶의 五美를 생각해 봤지요. 우리가 살면서 알록달록 꾸미는 멋의 즐거움도 즐거움이지만 그것만으로는 부족하다고 생각합니다. 생의 한가운데서 내가 나를 들여다보며 내 인생으로부터 사라지고 있는 오늘이 너무 잔인한 모습이라는 생각이 들었습니다.

그러나 생의 감각이 깨어있다는 것은 정말 멋진 일이죠. 생의 감각을 흔들어 주는 친구들, 그리고 고향과 지금의 은신처가 있어서 다행입니다. 누구나 살다보면 마음에 상처를 입지만 다시 삶의 아름다움을 보게 되리라는 것을 확신합니다. 예전에도 충분히 겪었던 일이고 사노라면 앞으로도 충분히 그럴 수 있는 일이지요. 나는 그때마다 새로운 삶의 의미를 되새겨 볼 것입니다.

아직도 내 눈 안에 눈물이 고여 있다는 것이 고맙고 기쁜 일입니다. 이 좁은 가슴에서 때로는 심장이 뛰고 있다는 사실이 정말 신나는 일이고말고요. 내가 비록 5味나 5美를 다 갖추지는 못했다 하더라도 약삭빠른 토끼보다는 묵묵하고 성실한 거북이처럼 조금은 굼뜨지만 고고한 목련을 보며 오늘도 나는 나에게 반성문을 쓰는 거지요.

내가 뭣이 되리오. 사람들을 두려워하지 않는 비둘기 새가 나는 좋습니다. 다른 새들은 인기척만 나도 기겁을 하는데 비둘기는 우리를 친구로 생각하기 때문입니다. 내가 세상의 모든 것을 다 가질 수는 없으나 그대의 창 밖에서 그대를 상상하는 것만으로도 나는 행복합니다. 고맙습니다. 나를 이해해주는 삶의 감동이 있기에 나는 반성문에 밑줄 하나 긋습니다.

꽃이 묻다

봄이다. 사람들은 꽃이 아름답다고 하나 꽃의 절정은 비색이 아니라 오르가즘이다. 하여, 멀리서는 제대로 꽃을 볼 수가 없다. 뚫어지게 오랫동안 바라봐도 소용이 없다. 순간 포착은 적당한 거리에서 적당한 타이밍이 중요하기 때문이다.

사람의 미모만을 따진다면 양귀비를 따를 자가 또 있을까. 달이 양귀비를 보고 그 미모에 반해서 숨었다 하며, 꽃도 자신이 창피해 얼른 오므리고 말았다는 사자성어가 바로 수화폐월(羞花閉月)이다. 꽃은 겸손하다. 꽃은 절대로 실망시키지 않는다. 꽃의 미소는 어두운 세상을 교화하며, 꽃향기 또한 부족한 곳을 그윽함으로 채워준다.

5월의 빛이 범상치 않다. 범상치 않은 햇살을 머금어서인지 훌쩍 커버린 외손자 녀석이 내 가슴에다 빨간 카네이션 한 송이를 달아준다. 그게 다가 아니다. 노래도 불러주고 뽀뽀도 해준다. 그리고 이어서 딸이 효심의 봉투 하나를 슬그머니 디민다. 하지만 옆에 있던 나이든 아내가 못 본 체 지나칠 리가, 불문곡직 장난 비슷한 실랑이가 벌어졌다.

"논자구요! 도채비 같이 혼자서 다 가질 작정예요?"

"논긴 뭘? 몇 푼이나 된다구... 이 돈은 내 돈이거든!"

춘절의 향응이라고나 할까. 어버이날이라서 그런지 나뿐만 아니라 가슴에 카네이션을 꽂고 거리에 나서는 노인들이 자주 띈다. 기분 좋다. 확연한 봄꽃처럼 화사해 보인다. 비록 생활의 은퇴자로서 외로운 처지가 됐지만 봄꽃을 능가하는 효심의 감동이 있기에 인생이 아름답다고 생각한다.

꽃이 묻기를
꽃들이 바람피우기 좋은 날을 아시나요?

아픔을 보듬고 어디론가 도망치고 싶은 때다
내가 그대 꽃말을 잊지 않고 기억해 줄 때다

안부를 묻거든 지금 그 꽃 앞에 서 있다고 말할 때다
바람이 산문 열고 내려와서 꽃의 속살에 몸을 섞는다
그 즈음 마음이 들떠서 바람피우기 가장 좋은 날이다

(졸시 : 꽃이 묻다 전문)

도시의 참새

사노라면 궁금한 것들이 많다. 먹고 싶은 것들도 많다. 보고픈 것들도 많다. 갖고 싶지만 갖지 못한 것들도 많다. 꼭 해보고픈 일들도 많은데 마음뿐이다. 멀리 떠난 친구와 첫사랑의 애인도 생각이 난다. 내 나이 30대가 아닌데도 자꾸만 그 나이에 관심이 많아 별꼴이다. 요즘 희한한 소식들이 꼬리를 물고 이어져 잠을 설치게 한다.

TV를 켰다. 18대 대통령선거가 끝난 직후라서 정치얘기일색이지만 그보다 경제문제에 더 관심을 갖게 된다. 최초의 여성 대통령으로서 서민들의 행복을 위한 우선순위 경제정책을 펴시겠다고 하니까 좀 낫다. 부동산 취득세를 반이나 낮춰주는 웰빙 법도 만들겠다고 한다. 나는 아들에게 전화를 걸었다. "아들아, 부동산소개소에 방을 내놓아라. 전세금 빼서 그 돈으로 아파트 살 수 있거든. 부동산 경기가 회복되면 대박이야!"

아들은 대답이 없다. 전세보증금만 가지고 그 집을 살 수가 있는데도 젊은이들은 가난을 두려워하지 않는다. 밤사이 뉴

욕증시가 뚝 떨어졌다. 아마 코스피 지수도 급락할 것으로 보인다. 미국 부동산대출금상환 부담으로 집을 내놓은 하우스푸어들이 쏟아져 나와서 서민경제가 벼랑에 처했다는 것이다. 그래서 요즘 미분양 아파트가 늘어나고 전세금이 폭등하는 이유다. 나는 다시 전화를 걸었다. "아들아, 내 말 취소다. 그냥 눌러 살든지 니 맘대로 해라."

집에 나와 비슷한 나이의 목련나무가 있다. 몸통이 내 허리 둘레만 하고 키가 2층집을 능가해서 잘라줬는데도 고압적이다. 고압적이지만 이웃집 창문을 적당히 가려주고 바람도 막아주니까 좋다. 여름엔 그늘이 드리워져 돗자리 하나만 깔아두면 근사한 한나절을 보낼 수가 있으나 낭만에 초치는 경우도 생긴다. 집 앞에 새로 들어선 다세대 고층건물 때문에 사생활이 제약을 받게 됐으며, 느닷없는 새들의 배설물 폭탄에 곤혹을 당하는 일이 종종 있다.

그래도 도시의 새는 좋다. 멥새인지 참새인지 명확히 구분이 안 되지만 예닐곱 마리가 잔가지 사이마다 널뛰기하듯 옮겨 다니며 짹짹짹 우짖어댄다. 오늘도 지저귄다. 휑해진 가지 끝에서 줄타기하듯 꽁지를 기우뚱대며 짧은 겨울 햇살을 분부시게 쫀다. 그러다가 눈이라도 내리면 조금 머뭇대고 뭘 생각하나 싶더니 옥탑 보일러실의 잔챙이 온기에 몸을 녹인다. 된서리에도 끔쩍하지 않던 새들이 정이나 힘들면 그때서야 행방이 묘연해진다.

그동안 어디서 숨어 지내는지 한번 물어보고 싶은 비밀이라고나 할까. 한겨울은 꽃보다 새들이 그립다. 새란 놈들은 묘한 짐승이라서 그들의 노랫소리가 거문고 같기도 하고 가야금소리처럼 들리기도 하는 고독의 친구가 되기 때문이다.

까놓고 말해서 노인의 겨울만큼 절대고독은 없을 것이다. 힘들 땐 친구의 전화 한마디도 삶의 용기가 된다. 외로울 때는 강아지 한 마리만 곁에 있어도 위안이 된다. 어둡고 두려울 때, 작은 창문 하나가 세상을 바라볼 수 있는 유일한 창구다. 내가 양심의 가책으로 가택연금이 될 때도 도시의 참새는 나의 유일한 벗이다.

시집간 딸들의 소식이 궁금하다. 지난번 토요일 온다고 해서 내심 기다렸으나 외손 녀석들이 공부 때문에 바쁘다 핑계로 마음만 설레게 해놓았다. 장가간 아들 또한 주일마다는 부담이 되는지, 한주일은 전화만 하고 2주째마다 방문하기로지 딴에 작정한 모양이지만 그마저 약속을 어긴다. 역시 도시의 참새들은 도시적이다. 나는 그저 나이든 아내랑 봄을 기다릴 뿐이다.

바람의 교태

나무는 바람이 흔들어 줄 때 교태가 최고에 이른다. 보석은 장롱 속에 있는 동안 돌에 불과하다. 밖에 나와서 빛을 보일 때 비로소 가치가 생기는 법이다. 꽃도 마찬가지다. 감춰진 나뭇잎 사이로 부끄러운 듯이 햇살 머금을 때 美의 매력이 절정에 놓이게 된다.

아름다움은 우리에게 끝도 없이 충동을 준다. 꽃의 색은 사람에게 화사한 감정을 주고 향은 격한 여운을 준다. 이 얼마나 능동적인 삶인가. 사람은 누구나 한 가지 이상의 남다른 재주를 가지고 있다고 한다. 그러나 아무리 좋은 재능을 가졌어도 내놓지 않으면 있으나마나다. 문화는 공유하는 예술이라고 생각한다. 따라서 좋은 예술이 좋은 행복을 만든다.

요즘의 청소년들은 몸이 준수하고 얼굴도 잘 생겨서 자세히 뜯어보지 않으면 남잔지 여잔지 구분하기 힘 든다. TV를 봐도 그렇다. 아직 10대 또는 20대 연예인 중에 여성스런 의상과 헤어스타일이 여간 섹시해 보여서 실수하기 딱 좋다. 이런 아이들은 꽃처럼 잘 생겼대서 '꽃미남'이라고 부르는데 경우에 따라서는 성형하고 화장도 하니까 남여구별이 쉽지 않은 것이다.

나아가서 자기만의 스타일에 만족을 느끼며 럭셔리한 열정으로 거침없이 표현하는 남자들, 요즘 여자들은 강하고 부드러운 그런 남자에게 장미꽃을 주문하고 싶다 한다. 그래서 뚱한 남자들은 사십이 되어도 金 土 日마다 토하고 마시고 토하고 마시며 사는 고시방 싱글이 부지기수다.

그럴까? '나쁜 기집애'가 대세다. 유리상자 밀랍인형 보다는 여우처럼 야한 여자가 좋다는 말이다. 처녀가 천연기념물로 예우 받던 시절은 고전에서나 볼 수 있는 일이다. 아직 키스조차 안 해본 무공해 여자들이 그만큼 흔치 않다는 의미로 해석이 되지만 아름다운 사회적 진화과정으로 봐야할 것이다.

오늘도 바람이 교태를 부린다. 어딜 가나 젊은이들뿐이다. TV화면을 웃음으로 꽉 채우고 야구장이나 축구장에서도 함성을 일으킨다. 혹여 걱정하는 어른들도 많지만 나는 실망하는 눈으로 보지 않는다. 몸이 아프면 의사가 필요하고 약을 먹어야 한다. 그대들이 바로 힐링 캠프라고나 할까. 그대들이 머문 곳에는 매혹적인 공감의 힘이 넘친다.

속된 말로 튀는 그대들이 있으니까 삶의 욕구를 채울 수가 있으며 끊임없이 그 무엇을 추구하는 이유다. 하지만 바람은 언제나 같은 방향으로만 불지 않는다. 사회적인 공인으로서 나에게 주어진 나의 의무가 알록달록한 낭만이 다가 아니라는 말이다. 내가 해야 할 일들이 아직은 낯설고 두렵기도 하며 난감할 때가 더러 있을 것이다. 그것이 곧 그대들에게는 아픔이고 고민이다.

올해가 호랑이 띠라고 한다. 아직 숙련되지도 않은 조막손에게 삼손과 같은 힘을 기대 하면서 이 사회가 가혹한 할례의식을 강요한다면 난감할 수밖에 없다. 하지만 사나운 호랑이도 칭찬을 들으면 순한 짐승이다. 올해는 호랑이를 닮은 녀석들이 많이 나왔으면 좋겠다. 더 나은 행복을 위해서 자기관리 능히 하는 사람이 많을수록 좋기 때문이다. 바람이 시작이면 이제부터다.

미소나무

요즘 식목이 한창이다. 산에 나무가 없으면 새와 짐승들이 서식할 곳을 잃게 된다. 사람들도 마찬가지, 나무들이 날마다 새로운 공기를 내뿜어주는 바람에 숨을 쉬고 건강을 유지한다. 꽃들이 정서적으로 무한한 덕목과 기쁨을 주고 열매는 양식과 경이로움을 준다. 만약에 벌거숭이산에서 우리는 누구랑 사는가. 죽는 게 두려운 것이 아니라 살아갈 일이 갑갑하고 암담하여 하는 말이다.

우리는 자연의 역사 앞에서 한 치도 거역할 수 없다. 우주 만물들이 서로 상통하는 만고불변의 순리와 이치가 대자연의 섭리이기 때문이다. 그것은 해가 매일 뜨고 지는 것과 같으며 계절마다 온화한 바람과 적당한 강우량으로 모든 생명의 갈증을 적시고 강한 북풍한설을 통해서 굳건한 생명력과 삶의 여유로움을 갖게 하는 것과 같다. 세상의 모든 것들이 서로 연관되지 않은 거가 없으며, 하다못해 물 한 모금 먼지 한 톨이라도 소중한 인연을 맺고 있다.

그것들은 놓일 자리에 반드시 있으면서 존재감을 드러낸

다. 만약. 해가 불규칙적으로 뜨고 진다면 세상의 모든 질서가 우왕좌왕할 것이다. 요즘처럼 생명유전공학이 발달한 식물들의 개량종들을 보면 감탄할 정도이긴 하나 봄에 피는 꽃들이 한 겨울에도 지천에서 핀다면 희소가치가 떨어져 원래만큼 좋아할 이유도 없다. 아름다운 꽃이라 말하지도 않을 것이고 본체만체할 것이다.

별은 별자리에서만 반짝인다. 그러나 사람들은 땅을 딛고 서서 하늘까지 정복하는 것을 감히 삶의 예민한 목표로 삼는다. 그래서 지구는 노상 시끄럽고 굴욕적이며 살벌하다. 나무들은 잎사귀 하나 떨어져도 울지 않지만 짐승이나 사람들의 엄살은 매우 신경질적이며, 더하면 더했지 덜하지 않는다. 고까짓 자존심과 일신상 영화 때문에 과도한 꾀를 부리거나 순리에 어긋나는 행위를 마다하지 않는 인간이야말로 속물근성 탓이다.

사실 이 광활한 세상에서 혼자 살기는 불가능한 일이다. 거칠고 험준한 경쟁사회에서 나 혼자 행복을 누리기란 가당치도 않은 일이며, 우주의 구성은 빛과 어둠이지만 빛과 어둠은 그 같은 별종들의 교화를 위해서 존재한다. 그리고 올곧은 사람들에 의해서 정의로운 분배를 통한 진보적인 역사를 이끌어 간다.

요즘 우리 사회에도 문화의 진화가 우상향적이다. 컴퓨터뿐만 아니라 다기능 스마트폰으로 정보를 향유하는 누리꾼들의 모습이 버스 지하철 어디서나 쉽게 볼 수 있는 풍경이다. 과거 책 읽던 모습과는 전혀 다른 진화된 장면들인 것이다. 그래서 한편으로는 서로의 마음이 교감할 수 있는 순기능적인 기회가 적어졌다고나 할까. 이 땅에 더불어 사는 미소가 사라지고 대화의 광장이 좁아졌으며, 혼자 즐기고 혼자서 웃는 메마른 문화형태가 번져가고 있다.

하여, 메마른 이 땅에 소낙비는 고사하고 가느다란 봄비라도 촉촉이 내렸으면 좋겠다. 나무들이 잘 자라고 꽃들이 만발해서 모든 이들이 아름다운 감동에 격한 울음바다가 된다면 더할 나위가 없겠다 싶어서다. 지난 4월, 양재동 꽃마을에 갔다. 영산홍 철쭉 등 몇 그루 나무를 고르던 중 '흑감나무' 하나 발견하고 놀라움을 금치 못했다. '감나무'하면 붉은 단감이나 홍시 따위만 연상이 되던 터에 처음 봤기 때문이다. 사람도 종(種)이 있는데, 난 그조차 모르고 다품종 식물 중에 흑감나무가 있다는 것을 비로소 알았다.

전문가 왈, 피부색이 까맣다 하여 단맛이 단감보다 못할 것도 없고 홍시보다 광택이 덜한 것도 아니다 한다. 오히려 육질이 좋고 씨가 별로 없으며 수확량도 많다 하면서 저장성이 강하다는 것이다. 나는 서슴없이 다섯 살쯤 되는 건강한 나무를 골랐다. 마당 가장자리 중간에다 정성껏 옮겨 심어 놓고 이름 짓기를, '미소나무'라고 붙였다. 이에 아내가 '미소나무야, 우리 함께 오래오래 잘 살자'고 한 말이 고맙게 들린다.

나도 잘 보살펴 주겠다. 얼굴이 검다고 절대로 차별하지 않을 것이며, 말이 통하지 않다고 해서 무관심하지도 않을 것이다. 종(種)이 다르다 하여 모든 권리를 빼앗지도 않을 것이다. 그리하여 '미소나무'는 내후년 가을 즈음에 흑갈색의 오묘한 열매를 맺을 것이고, 우린 윽의 미학을 통해서 서로 미소를 나누며 행복을 공유할 것이다.

강가에
학처럼 서 있는 버들아
삼단머리가 강물에 닿을 듯 말듯
너울대는 그대의 진초록 자태여
바람을 휘감고
구름타고 승천하는 용무(龍舞) 같구나 (졸시 : 버드나무)

무례한 짓
거역한 죄가 너무나 커서
덜덜 떠는 것조차 송구 하옵기에
모진 병 낫게 하는 용한 백양이 되었소이다 (졸시 : 사시나무)

효심의 역습

아들 : 촌스러워서 어떻게 입어요?

엄마 : 이거 명품이야! 난 영어로 써 있어서 잘 모르지만 니 누나가 그러는데 유명 메이커상품이라고 하더라. 2십만 원짜리 세일해서 4만6천원 줬어 이거사!

아들 : 엄마, 이건 이월상품예요. 보세요, 20××년 제품이라고요!

엄마 : 누가 그런 거까지 죄다 읽어본다니? 니 아버지 양복은 25년 됐거든. 그래도 티 안내고 잘 입으셔!

그까짓 점퍼 하나 때문에 아들은 뚱하고 지 엄마가 꽁하는 바람에 내 입장이 난처해졌다. 옷이 작은데다 유행마저 지난 옷이라며 아들이 이의를 달고 나섰기 때문이다.

살면서 역풍이란 말은 들어봤어도 역파도는 처음이다. 요즘 개념이 실종된 자녀의 불효에 시달리는 부모들이 많다고 한다. 가난한 부모라서 미안하고, 못난 부모라서 무시당하는 불효의 역습에 당황하는 부모들이 부지기수라는 것이다. 이처럼 지구를 통째로 먹으려는 자식들이 세상을 어리둥절하게 만든다. 나중에 부모는 어찌 되든지 말든지 안중에도 없이 어차피 물려줄 재산인데 뭘... 하는 식이다.

그래서 아들을 선호하는 부모들의 마음도 조금은 달라졌다고 한다. 딸을 낳으면 행복을 낳고 아들이 태어나면 왠지 불안한 생각이 든다할 정도다. 하긴 그렇다. 딸 많은 집에서는 웃음이 터져 나오고 아들이 많은 집에서는 근심이 새어나온다 한다. 그 집 어머니 얼굴빛만 봐도 딸이 많은지 아들이 많은지 쉽게 짐작이 가능하다는 것이다.

참말일까. 우리 집은 행복티켓이 석장이다. 딸 덕분에 비행기 타고 호사할 기회가 그만큼 많다는 뜻이다. 아직은 이렇다 할 자랑거리가 없긴 하지마는 가슴을 설레게 한다. 딸들은 시집을 가서 제 나름대로 잘 살고 있으나 아직 장가 안 간 아들은 이제나 저제나 애만 태우는 걱정보따리다. 나이 삼십 줄이면 어느 정도 자기 관리가 가능할 테지만 어디서 꾸어온 자식처럼 도무지 말이 없으며 金土日 밤마다 술이다.

오늘도 아들은 나를 실망 시킨다. 술에 젖어서 퇴근하자마자 자기 방으로 쏙 들어가 문을 걸어 잠근다. 그리고 알다 모를 고민덩어리 혼자 질근질근 씹는 듯하다. 그리하여 결국은 나도 울고 후들후들 떨던 아내도 넋을 놓고야 만다. 솔직히 말해서 아내와 나는 아들의 꿈이 소소한 것일지라도 공유하고 싶어 한다. 때문에 아들의 위기는 곧 나의 시련이며 공허한 삶이라고 봐야한다.

요사이 외롭다는 생각이 든다. 곁에 아내가 있지만 예전 같이 살갑지도 않고 딸자식들마저 바쁘다는 이유로 소식조차 뜸해서 덩그렇게 사노라니 고역이다. 허구한 날에 입을 딱 봉하고 살 수는 없고, 아무에게나 말을 섞을 수도 없으니 미치고 환장하겠다. 이럴 때 참한 애완용 앵무새라도 곁에 있다면 온종일 그와 사담이라도 즐기며 노년을 보낼 테지만 가두리 인생처럼 사는 요즘이야말로 감옥생활 같아서 하는 말이다.

산다는 거, 막말로 별 것도 아니다. 누가 내 인생을 대신 살아주지도 않는 바에야 편안한 대로 정의할 수 있을 것이다. 때문에 요즘 부모들은 오히려 자식들과 불가근의 관계를 유지하려 한다고 한다. 그러나 나도 예외 없이 일말의 책임이 있다고 생각하지만 역전의 효심을 기대해 본다. 아들아, 어서 장가를 가렴!

혼자서 가네
저 새는 엄마가 없나 봐
아니, 저 새는 친구도 없나 봐
이 늦은 황혼녘에 혼자서 가네

아니다 아닐 것이다
아마도 저 새는 고향으로 가는가 보다
아마도 저 새는 임을 찾아서 가는가 보다 (졸시 : 바다 새 전문)

아들아, 잘 가거라

아들아, 아름다운 이별이 어디에 있다더냐? 있다면 지금 우리가 느끼는 약간의 두려움과 가슴 뛰는 이 황홀함 같은 거 아닐까? 우리가 헤어지지 않는다면 더 많은 것들을 잃게 되는 불편한 진실 속에서 생애 단 한번 뿐인 결혼이란 이름으로 나는 너를 놓아주려고 한다. 돌이켜보면, 내가 어언 34년 동안이나 널 붙잡고 있었거든,

결혼을 축하한다. 이제부터 너는 너를 위한 새로운 시작이다. 더 많은 생각과 일들을 경험하게 되며, 많은 사람들이 너를 지켜볼 것이다. 부부는 평생의 반려자요 동지다. 어떤 경우라도 네 아내를 네 몸 같이 아끼고 지금처럼 평생 신부로 맞이해야한다. '이해' 하나만 가지고도 모든 행복을 얻을 수 있다는 주례선생님 말씀 잊지 않기를,

눈총도 총이라서 맞다보면 아프고 상처가 되는 법이다. 서로의 의견이 맞지 않아서 상대방의 가슴을 후비거나 볼강스런 상황으로까지 번지는 경우도 생긴다. 그렇게 살지 마라. 그런 일로 불편하게 사느니 오히려 슬그머니 져주고 사는 것

이 가정의 안정에 도움이 된다. 이 세상에서 가장 믿을만한 친구는 아내뿐이다. 아내에게 져주는 것은 결코 부끄러운 일이 아니며, 모든 것을 다 맡겨도 실패할 확률은 거의 없다.

내가 인생의 선배로서 여자 다루는 법 한 수 둔다면 이렇다. 여자란 사랑에 대한 욕구가 강하긴 하나 작고 사소한 것이더라도 진심과 정성이 담긴 것들에 감동을 한다. 투박한 자동차 열쇠보다는 예쁘장한 머리핀 하나에 더 매력을 느끼는 게 여성의 감성적 약점이거늘, 유념하라. 사랑은 빈 공간을 두려워하느니라. 그래서 애정의 표현은 시도 때도 없이 해도 좋은 것. 아내 가슴에 빈 구석이 생기지 않도록 관심과 배려를 잊지 마라.

아내의 사생활을 충분히 존중해줘야 한다. 아내가 TV 보고 있을 때 다른 프로그램 보겠다고 함부로 고집부리지 마라. 또 한두 시간 전화로 수다를 떤다고 해서 짜증을 낸다거나 눈치도 보이지 마라. 수다는 아내의 취미고 일종의 사회활동이다. 만약 아내가 그런 취미와 사회활동을 제대로 못한다면 그 스트레스는 모조리 너한테 돌아갈 것이기 때문이다. 남자란 돌아다녀봤자 결국 아내가 있는 홈으로 들어가야 한다. 그게 남자의 운명이다.(인터넷에서 발췌)

아들아, 단번에 모든 걸 다 가질 수는 없다. 소중한 것과 사소한 것들을 충분히 구별하고 진솔한 삶의 의미를 이해하려고 노력하라. 누구나 실패를 두려워 하지만 그 두려움을 극복한 사람만이 진정한 승리자라고 본다. 가난은 극복의 대상일 뿐이지 겁먹을 상대는 아니다. 부족하다고 투덜대면서도 자신을 다독이며 맡겨진 일에 묵묵히 수행하는 네가 아들이라는 것을 나는 자랑으로 여긴다.

우리는 남보다 근성이 부족하고 깡다구도 없어서 피곤하게 살 수밖에 없다. 그리하여 우리가 사는 데는 위로와 쉴 곳이 필요하다. 나는 네가 교회에 나간다는 얘기를 듣고 박수를 쳤다. 신앙이란 더 높은 곳을 향하여 자신의 거친 내면을 다듬는 일이기에 그 약속은 지켜야 한다. 그리고 종교가 인간화의 수련장이라고 한다면, 이 사회는 평생학습장이다. 원만한 사회생활을 위해서 실력도 실력이지만 지도교사가 필요하다. 네 안에 훌륭한 맨토를 모셔라.

내가 아버지로서 당부한다. 도장을 함부로 찍지 마라. 살면서 거절하기 어려운 경우가 있지만 그럴수록 단호한 입장을 보여야한다. 빚보증은 정말로 바보들이나 하는 짓이다. 대개 고초를 당하는 사람들은 빚보증을 잘못 섰다가 망한 경우다. 달콤한 말에 혹하지 않고 어떤 유혹 앞에서도 능히 버틸 수 있는 힘이 곧 지혜다. 일확의 꿈을 버리면 고민도 없다. 복권 따위는 사지 않아도 되고 투기할 마음도 생기지 않는다.

아들아, 세상에서 가장 무서운 사생활의 적은 빚(채무)이다. 간혹 빚(대출)을 경제적 수단으로 활용하는 경우도 있으나 빚이란 자신의 한계를 벗어난 행위이기 때문에 불행의 씨앗이 되며, 원금에다 이자까지 얹어줘야 비로소 탕감이 되므로 갚는데 허리가 휜다. 좌우지간 어떤 경우라도 빚은 쓰지 않는 것이 상책이다. 따라서 모든 일은 아내와 상의해야 실수를 줄일 수 있다고 본다.

술 좀 적당히 마셔라. 술이 커뮤니케이션의 도구가 아니라는 것을 알았으면 좋겠다. 모든 실수는 술에서 오는 경향이 많다. 술 때문에 건강을 해치고 꿈마저 앗아가는 바람에 인생을 그르치는 사람들도 여럿 봤다. 술은 진실성을 의심 받느니라. 대개 불리해지면 핑계의 통로로 활용하기 때문에 취중의 약속은 괴문서에 불과할 뿐이다. 차라리 그 시간에 아령 한 번이라도 더 들었다 놨다 하는 것이 네 인생에 도움이 되리라 본다.

눈에서 멀어지면 마음에서조차 멀어진다는 말이 있다. 차마 그래질까 두렵다. 너는 새로운 가정의 가장일 뿐만 아니라 두 가계의 리더로서 상주가 되는 것이다. 효도란 제 몸 간수 잘하는 것이다. 부모 도와줄 생각보다 너 잘 사는 방도를 생각하는 것이 도리라고 본다. 힘들 때마다 신혼의 달콤함을 기억하라.

세월 앞에서는 누구도 장사가 없다. 언젠가 세월이 나를 모셔갈 것이다. 아무리 함께 살고 싶어도 세월이 가만 놔주지도 않기에 우리는 더욱 사랑하는 이유가 된다. 자식은 부모가 반 팔자란 말이 있는데 좋은 팔자가 돼주지 못해서 미안하게 생각한다. 어디서 살든 잘 살아라. 그리고 몸조심 하여라. 나는 옆에서 너 사는 모습을 보며 행복한 미소를 지을 것이다.

아들네 방문기

들쑥날쑥 바람 탓이다. 왠지 마음이 바람을 닮아간다. 품안에서 자식이 떠나고 처음으로 집 구경 떠나는 마음이 봄 소풍 나들이마냥 가슴이 설렌다. 처음엔 아무렇지 않은 거 같더니 아내도 나처럼 미소가 가득한 얼굴이 상기되어 붉다.

강 건너 빤히 보이는 집, 도시가 수직으로 우뚝 서 있는 강동의 마천루 그 안에는 아들네가 산다. 1203호라던가. 되게 높다. 걔는 매일 지가 살았던 가난한 우리 집을 볼 것이다. 보면서 무슨 생각을 할까. 낭만에 취해서 꼬맹이 시절 내달리던 좁다란 골목길은 잊었을 지도 모르고 야구놀이 하다가 남의 집 유리창을 박살내고 쩔쩔매던 그 시절이 기억나지 않을 수도 ...

아, 그럴 수도 있겠다! 나이 든 아내는 보석처럼 키운 자식인데 장가들더니 전화 한 통 없다며 서운해 하지만 청실홍실 단꿈을 자꾸자꾸 꾸다보면 고향산천 부모형제도 때론 잊어지는 날이 있겠지. 아, 충분히 그럴 수 있겠다. 한 여자를 책임져야 하는 일이 사랑 그것만으로는 부족하다. 이제 공인된 사회인으로서 신기루를 짓고 부수고 앞만 보면서 서둘러야 가능한 일이기에 과거는 잊을 수도 있겠다.

나는 이따금 잠실역을 지나간다. 내려서 갈아타는 경우도 있고, 전철에서 버스로 혹은 버스에서 전철로 바꿔 타는 경우도 생긴다. 그때마다 이 근처 어디에 사는데 ... 하고 아들네 생각이 난다. 나지만 그냥 애써서 마음을 접으며 달랜다. 아무리 부자지간이라고 하지만 情의 과용으로 부담이 될까 하는 염려 때문이다. 아튼지 방문은 처음이다.

집이 근사하다. 신혼의 집이라서 둘만의 공간으로는 아방궁 같다. 확실히 우리 집보다는 새집인데다 크고 편리해 ㅋㅋ 바꿔서 살아보고 싶은 욕심도 생긴다. 아침이슬처럼 영롱한 미소를 머금은 새아기며느리가 빵, 과일, 그리고 맥주 몇 병을 꺼내 놓는다. 아내로부터 말조심 당부를 받은 터여서 선뜻 집어 들지 못하고, 자랑과 칭찬할 말들이 많은데도 나답지 않게 어눌해진다.

새아기도 나와 같은 입장일까. 왠지 영 어색해 죽겠다. 결혼식 사진을 들춰보면서 어려움을 피하려고 하면 할수록 점점 옹색해 진다. 요즘은 어머님보다 아버님이란 이름이 더 부담을 준다고 한다. 시어머니보다 시아버지 때문에 더 스트레스를 받는다고 하니까 나도 어쩔 도리가 없이 몸가짐을 조심하게 된다. 하지만 며늘아, 나는 그런 시아버지 아니거든! 혹여 그런 점이 있다면 내가 자정능력을 상실했거나 건강에 이상이 생겼을 때일 것이다.

명색이 부모가 빈손으로 와서 미안하다. 모든 가제도구들이 새 거라서 소파에 앉기도 서기도 조금은 부담스럽고, TV를 켜고 끄는 일조차 우리 집 같지 않다마는 응석만 부리던 아들이 좋은 색시를 만나서 잘 사는구나 싶으니 만세라도 외치고 싶은 마음이다. 아내 또한 흐뭇한 눈치가 보인다. 우리 아들 고생 좀 하겠네! 하면서 이방 저 방을 살펴본다.

그렇다. 힘이 들지도 몰라 ... 이부자리 정리정돈과 쓰레기 분리해서 수거하는 일이 남편의 필수과목이기 때문이다. 때로는 장바구니 들어주고 설거지도 도와줘야 한다. 아기가 태어나면 애도 돌봐야 하는데, 경우에 따라서는 손세탁을 할 때가 생길 지도 몰라 ... 그리고 아내를 위해서 외식은 물론 먼 길도 동행하며, 막역한 친구와 약속을 헌신짝처럼 저버려야 하는 난처한 일이 생길지도 모른다.

그러나 부모로서 덕담 한마디 하자면, 이렇다. 결혼은 잘한 일이다. 부부는 세상에서 가장 작지만 강력한 공동체이기 때문이다. 맞벌이부부일수록 협동정신이 요구되며, 안정적인 생활을 위해서는 역할분담이 관건이다. 결혼생활이 익숙해지면 인생도 성숙해진다. 제아무리 똑똑하고 잘났어도 혼자 사는 사람들은 왠지 부족해 보이고 모자라 보인다. 하지만 결혼이 원만한 사람들은 언제 봐도 생기가 넘쳐서 매사가 능동적이며 긍정적이다.

아들내외가 구김이 없어 보여서 우리에게 희망과 믿음을 준다. 아직은 음식 솜씨가 먹어보나마나 서툴 테고, 알록달록

하긴 해도 살림살이 또한 어딘지 모르게 소꿉처럼 어설퍼 보이지만 서서히 쓸모 있는 것들로 빈 공간이 채워질 것이다. 그리고 내 집 마련의 꿈이 이루어질 것이고, 이 세상에서 가장 예쁜 선물을 내놓을 것으로 기대한다. 지들이 지들 딱 닮은 건강한 애기를 낳아 준다면 부모로서 더 이상 뭘 바라겠는가.

逆증여라고나 할까. 요즘 내가 싱글벙글하는 이유가 있다. 내 몸에 딱 맞을 리 없지만 아들이 쓰다가 남긴 물건들을 요긴하게 이용하면서 쏠쏠한 재미를 느낀다. 비록 아들이 쓰던 컴퓨터, 가방, 신발, 양말, 속옷 등 소소하고 자질구레한 것이긴 하나 새것과 비교할 바가 아니다. 올 겨울에는 아들의 체취가 고스란히 스며있는 명품코트도 고쳐서 폼나게 입을 요량이다.

누가
나에게
아들네 방문 소감을 묻는다면,
ㅎㅎ
그냥 그렇지 뭐!
ㅎㅎ

며늘學 총론

사위가 자식이면 며느리는 딸이다. 비록 내 몸에서 태어나지 않았다 하나 사돈네 몸을 빌어서 낳은 평생지기 새아기다. 도도한 가문의 번영과 혈육을 이어주고, 종사를 계승하며 가족의 친목과 교육, 건강까지 도모하는 능동적인 관리자로서 단순한 가족이 아니라 막강한 안방 주인이다. 사위가 삶의 버팀목이라면 며느리는 한 가정의 비전을 현실로 만드는 실질적인 리더(leader)인 것이다.

며느리는 며느리로서 뿐만 아니라 남편의 아내로서, 엄마로서 그리고 형수, 새언니, 동서, 처남댁 등등 아줌마 이름으로 산다. 그래서 살자니 고생이다. 시월드(媤world) 층층 하에서 숨조차 제대로 쉴 새 없이 사는 것도 사는 거지만 꽉 막힌 남편과 깐깐한 시부모 때문에 절망하는 며느리도 많다. 그러나 발칙녀, 차도녀, 때로는 억척녀 소리까지 들어가면서 그래도 내조의 여왕이 되기 위해 불굴의 며느리로 살아간다.

요즘은 며느리 시대다. 시어머니 눈치나 보는 시대는 이미 끝났으며 가부장이 붕괴되면서 오히려 시어미가 며느리 눈치를 보는 처지가 됐다. 그리고 시부모들의 노후대책이 부실하면 할수록 부담이 돼서 부부 사이도 원만치 못할 뿐만 아니라 시부모 부양문제로 가정불화의 빌미가 된다. 더구나 백세시대를 눈앞에 둔 상황에서 나이 드신 시부모 때문에 단 한번뿐인 자기 몫의 행복을 포기하거나 희생은 억울하다고 생각하기 때문이다.

고부(姑婦)의 갈등은 서로 살아온 문화의 차이를 이해하지 못한데서 생긴다고 본다. 의사소통이 원활하지 못하니까 의사결정 단계부터 금이 생기고, 점점 틈이 벌어진 결과 서로가 화해할 수 없는 불편한 관계에 이른 것이다. 사실 이 같은 고부갈등은 며느리의 발칙한 태도 탓만도 아니요 시어머니의 억압 때문만도 아니다. 변화무쌍한 사회적 환경이 이유일 수 있으며, 여성주의적인 묘한 심리적 충돌 때문일 수도 있다고 생각한다.

시부(媤父)갈등도 마찬가지다. 기존의 오랜 가부장적인 위계질서가 젊은 여성들의 강한 도전을 받게 됐으며, 이에 시아버지 눈치가 고울 리 없고, 며느리 또한 시시콜콜 잔소리 다 들어주면서까지 죽어지낼 순 없다는 것이다. 어쩔 수 없이 겉으로는 고분 고분하는 척이야 하지만 천만에, 요즘은 시어머니보다 시아버지가 더 사생활의 부담스런 짐이 되어서 스트레스 원인이라고 한다.

옛말에, 며느리 말 들으면 며느리 말이 옳고, 시어머니 말을 들으면 시어머니 말이 맞다 했다. 그렇다. 사람은 누구나 자기 입장과 처지가 각각 다르기 때문에 옳고 그름을 단정하기는 쉽지 않다. 그러나 허물을 덮어주긴 커녕 악평이나 억지주장은 서로가 이롭지 않으며, 불행을 자초하는 일이다. 그런데도 마음이 상할까 봐서 여우같은 짓 좀 했더니 불여우 같다면서 시누이에게 상대하지 말라고 하는 시어머니, 그도 모자라서 못돼 처먹었다고 동네방네 흉을 본다면 어느 며느리가 떠받들겠는가.

기가 센 며느리, 역시 시부모로부터 사랑을 독차지하기는 쉽지 않다. 남들처럼 용돈은 고사하고, 맛있는 음식조차 해드리지는 못하는 처지에, 공부 좀 했답시고 또박또박 말대답 하며 무시한다면 시부모 마음이 편하지 않을 것이다. 모든 인간관계는 소통이다. 평소 안부전화조차 없이 은근히 시부모 재산이 얼만지 뒷조사나 하고, 잔소리하면 듣기 싫은 티 탁 내는 고칠 거 많은 며느리를 어느 시부모가 좋다 하겠는가.

그래서 셀프 힐링이 필요하다. 현실을 외면할 수 없다면 슬기롭게 받아들이고 현명하게 대처해야할 것이다. 시어머니는 친정엄마가 될 수 없다는 사실을 이해하면서 며느리는 시어머니와 새로운 모녀관계를 만들어야한다. 그러기 위해서는 시어머니에 대해서 더 많은 정보를 갖고 있는 시댁 가족들을 내 편으로 만드는 것이 상수다. 그리고 할 말은 해야 한다. 살살 맞아주는 것보다 때로는 발칙하다 소리 들을지라도 할 말은 하는 것이 낫다. 다만, 생활비, 용돈, 안부전화하기, 주기적으로 방문하기 등 며느리로서 약속은 소홀하지 않아야

명분이 확보된다.

결론은 이렇다. 며느리의 싹수는 시부모의 미래를 암시한다. 서로가 무엇을 원하는지 먼저 파악하고 지나친 기대는 삼가 하는 게 좋다. 결국 며느리도 언젠가 시어머니가 된다. 시어머니는 가족을 위해서 최선을 다하신 분이라는 점을 알아야한다. 시아버지 또한 든든한 가장으로서 식구들에게 희망과 기쁜 선물을 주시기 위하여 가시고기가 되신 것을 이해해야한다. 그리고 시부모 역시 모든 권위를 앞세우기 보다는 아들 내외가 스스로 잘 살도록 좋은 길을 터주고 격려도 아끼지 않아야한다. 칭찬은 가장 경제적이면서 효과적인 인간관계이기 때문이다.

며늘學 개론

나이가 들면 드는 만큼 깊어지는 것들이 있다. 세월이 흐르면서 더욱 아름다워지는 것들이 있다. 나이가 들면 평면으로 보지 않고 둥글둥글 전체를 보는 재주도 얻게 된다. 내게 없는 것 내게서 떠나는 것에 집착하지 않고, 내게 있는 것 내게로 오는 것에 감사하는 법을 알게 되는 것이 나이의 덕분이다. (좋을 글에서 발췌)

나이 70 다 돼서 아들 장가보내고 새 며느리를 맞이했다. 내 생애에 이런 기쁨은 처음이다. 나로서는 오랜 기다림 끝에 터진 감동이며 내 삶의 절정이라고 봐야한다. 왜냐하면, 결혼 후 딸 셋을 줄줄이 낳아 키워서 시집보내고 마지막 아들까지 장가보냄으로써 내 삶의 중대사에 방점을 찍었다고 보기 때문이다. 그러나 그것은 내 인생의 빛나는 졸업장이 아니라 또 다른 시작이란 점에서 의미 있는 전환점이 아닌가 한다.

이렇게 좋을 수가... 결혼식장 하객 중에, 신부신랑이 천생배필 같다면서 어떤 이는 신부가 시어머니 닮았다 하고, 또 어떤 이들은 시아버지도 조금 닮았다고 한다. 꿈과 해몽은 갖다 붙이기 나름이지만 좋은 해몽은 들을수록 좋다. 명문가의 고명딸로 태어나 세상 어디에 내놓아도 손색이 없는 외모와 지성을 겸비한 규수가 비할 바 아닌 우리와 만남의 인연이 되었다는 것은 예사롭지 않은 신의 은총으로 여긴다.

하느님 보시기에 아름다운 모습은 초심이며, 첫인상일 것이다. 우리의 소중한 인연을 어떤 경우라도 함부로 간과하지 말아야한다고 다짐하여 두는 바다. 세상에 태어나서 쫀쫀하게 살아온 삶이 더러는 아쉽고 더러는 후회도 되지만 혹여 우리가 아낌없이 주는 나무처럼 살지는 못하더라도 서로가 서로를 가슴에 담아두고 사는 것으로도 얼마든지 행복해질 수 있다고 본다.

아직 우리에게 필요한 것은 믿음이다. 며늘아, 힘들어하지 마라. 그대 곁에는 그대의 든든한 후원자가 있다는 사실에 희망을 걸어라. 그리고 자네 때문에 살맛이 난다고 하는 사람이 있다는 것도 잊지 마라. 그대가 있어서 위안이 되고 감사해하는 남편과 가족이 있다는 것을 자랑으로 여겨라. 사람은 사람인지라 때로는 예쁘기도 하고, 미운 짓을 할 땐 밉기도 하지만 우리가 이쯤에서 새로운 삶을 만들어가자.

숲 속의 공주처럼 살았을 며늘아, 황량하고 메마른 들판을 보면 이따금 두려움도 생길 것이다. 시장 속 같은 시끄러운 일상에 혼이 빠져날 지경에 이르는 날들도 있을 것이다. 그러나 우리는 이렇게 살자. 비교적 식구들이 많지만 작고 하찮은 것이더라도 그것에 대한 아름다운 가치를 공유하며 우리에게 주어진 일들을 곱게 가꾸어 나가자. 세상의 모든 유혹으로부터 그리고 질병과 사고로부터 자유로운 우리가 되자.

행복과 불행은 반반이라고 한다. 삶이란 웃음보따리만 들고 살 순 없다. 작은 아픔에도 걱정을 해주고, 괴로움에도 위로해 줄 가족이 있다는 거가 살아볼만한 큰 이유다 소소한 기쁨에도 환호성을 지르고 하찮은 용서에도 크게 기뻐하는 아름다운 마음이 우리들의 가장 고귀한 덕목이며 약속이기 때문이다. 며늘아, 실수는 누구에게나 이따금 있는 법, 하찮은 티를 탓하지 말고 허물도 들추지 말자. 살다보면 잃기도 하고 얻기도 한다. 작은 손실에 집착하지 말고 이익에도 너무 연연하지 말자.

며늘아, 자네가 시부모에게 부탁이 있다면, 그것이 뭘까 하고 생각해 본다. 하도 부족한 것들이 많아서 부탁도 많기야 하겠지만 그중 역지사지(易地思之)란 말이 아닐까 싶다. 새겨두겠다. 자네는 간섭받는 며느리가 되지 마라. 효부가 될 생각도 하지 마라. 남편과 시부모 사이에서 어중 띠지 않고 좀 더 당당한 남편의 아내로 가정을 지켜라. 나는 어떤 경우라도 자네들의 사생활을 지켜줄 것이다.

자네 남편이 다섯 살 적이다. 혼자 마실 나갔다가 길 잃고 지구대에서 보호를 받고 있었거든. 식구들은 동네 골목을 다 뒤지다시피 찾았으나 허사였어. 혹여 공원에 갔나해 가봤지만 거기도 없었고. 반나절 동안 헤매다가 미아신고 후 지구대로부터 연락이 와서 가보니 거기 있더군. 그때 엄마는 와락

부둥켜안고 엉엉 울었지. 옆에서 가슴을 쓸어내리며 지켜봤던 나는 지금도 그 격한 감정을 잊을 수가 없단다. 나도 자네한테 부탁이 있네. 살면서 내 아들을 잃어버리지 말게.

우리 집 가훈

-바른 뜻 (正意)

-바른 길 (正道)

-바른 일 (正事)

팍팍해도 웃으면서 삽시다

세상이 나를 웃깁니다. 그러면서 내가 평소 안하던 짓 하면 되레 나보고 웃긴다고 합니다. 너무 어이없는 일을 자꾸 반복할 때도 웃긴다고 합니다. 별로 기대하지 않았는데 은근히 웃음을 자아내거나 뜻밖에 폭소를 터뜨릴 때도 웃긴다고 말하죠. 오늘도 세상이 내가 생각하는 반대로 움직입니다. 북한에서 핵실험 한다하기에 주식을 가진 거 몽땅 내다팔았습니다. 팔았는데, 곤두박질 칠거라는 예상과 달리 하늘 모르고 냅다 치솟아 세상은 웃고 나만 기막혀서 헛웃음 쳤습니다.

웃는다는 거 그리고 웃긴다는 거, 아무나 할 수 있는 게 아니죠. 대책 없이 웃고 대책 없이 웃긴다면 어딘가 모자라거나 바보소리 듣기 딱 좋은 조롱거리 행동일 것입니다. 웃을 만한 때 웃고, 웃길만한 곳에서 웃겨야만 웃음의 가치와 효율성이 효과적이라는 의미이지요. 누구나 다 아는 거지만 우리가 '행복하기 때문에 웃는 것이 아니라 웃기 때문에 행복하다'고 한 말에 나는 동의합니다. 만약에 웃지 않고 누가 웃기지도 않는다면 사는 게 너무 무미건조할 뿐만 아니라 오래 살고 싶은 의욕마저 잃고 말 것이기 때문이죠.

장맛이 나쁘면 집안이 기운다는 우리 속담이 생각납니다. 그런데, 집안에서 다툼이 잦다보면 그 다툼의 홧김에 의해서 메주 균이 죽게 된다고 합니다. 그래서 메주가 꺼멓게 되고 결국 장맛이 고약해 진다고 하는군요. 예컨대, 싸움이 잦은 집안에서 사는 아이들이 온몸에 부스럼과 종기를 노상 달고 사는 것은 그 이유라는 거지요. 한마디로 노여운 기가 죄 없는 그 아이들의 혈관 속에 흐른다는 겁니다. (인터넷에서 쏙 뽑음)

웃읍시다. 웃으면서 삽시다. 살기가 팍팍할수록 좋은 웃음이 최상의 행복을 만들어 준다는 것을 믿읍시다. 말하고 행동하는 거 자체가 경우에 따라서 코미디 같은 웃음거리도 되지만 생활의 획기적인 윤활유가 됩니다. 오늘도 도처에는 웃음을 잃었거나 잃어가는 사람들이 많을 것입니다. 그러나 희망의 끝을 놓아서는 안 됩니다. 지금은 2월이지만 3월이 코앞에 있습니다. 곧 4월도 오고 5월도 옵니다. 입춘이 지났다고는 하나, 봄은 아직 이르고 논둑에 가래질하는 청명이 오고서야 우린 완연한 봄이라고 합니다.

봄은 우리에게 희망을 줍니다. 그래서 모든 사람들은 봄이 오는 길목에 서서 박수를 칩니다. 꽃이 만발하겠지요. 향기도 그윽하겠지요. 우리들은 꽃의 미소와 향기를 상상해 보면서 착한 농부들이 논바닥에 모를 꽂듯 계획을 세워야겠습니다. 세상은 반드시 우리를 웃게 해줄 것입니다. 웃읍시다. 아직은 사방천지가 영하에 떨고 있지만 하늘이 곧 우리들을 웃게 하실 것이므로 풍성한 갈걷이를 위하여 부지런히 웃고 또 우습시다.

봄은 도시에도 옵니다. 봄의 좋은 바람은 가난한 골목에도 불어옵니다. 때 아닌 '대치동 대리모'가 떴다고 합니다. 강남 부자 엄마들이 아이를 일류대학에 보내기 위해서 과외선생님을 모셔다가 아침부터 저녁까지 조기교육특별프로그램으로 매월 1천만 원 이상 고액과외비를 지불한답니다. 이는 대학지상주의가 만들어낸 '사교육대리모' 풍조 아니겠습니까? 참, 웃깁니다. 가난한 우리들 그냥 웃기만 합시다. 그저 꽃샘추위라고지 생각합시다.

근데요. 시인도 이따금 웃길 때가 있습니다. 지난 대통령 선거 당시 文재인후보의 선거대책위원장이던 安도현 시인이 반칙(상대후보인 朴근혜후보 비방하는 허위사실유포, 명예훼손)으로 재판을 받았는데 일부는 무죄, 일부는 유죄(명예훼손)판결이 나오자 이에, 安시인이 말하기를- '나는 법이란 거미줄에 걸린 한 마리 나비'라고 했던 것. 글쎄요, 알다 모를 일입니다. 착한 시인이 어쩌다 자기가 버린 연탄재를 뒤집어썼을까요?

됐거든!

깜짝쇼 보는 거 같다. 강원도 산간 지방에 때 아닌 눈이 내리고 어제 또 중부지방에 눈비가 뿌려졌다. 오늘도 그렇다는 예보다. 착한 아내의 관절을 콕콕 쑤시는 날씨의 변덕도 변덕이지만 요즘 내 마음이 왠지 불안하기 짝이 없다. 확연히 잡히는 것도 없이 잠을 설치는 정도다. 명색이 4월 식목의 달인데…

됐고/ 말이 좀 그렇다. 잘난 체하거나 자랑을 하면, 상대방의 말을 끊기 위해서 자주 사용하는 말투다. 요즘처럼 IT 문명에 수많은 독자들을 날려 보내고, 더구나 시보다 수필이 열세에 놓인 처지라서 서운한 판에, 카페마저 독자가 외면하는 상황이 나를 더 맥 빠지고 우울하게 한다. 하지만 글을 써야 하기에 또 두서없이 장황하게 진부한 말을 하게 된다.

3월을 되로 주었다면 4월은 말로 받는 달이라고나 할까. 요즘 북한이 문제다. 북한은 사탕보다 총알이 더 중요하다고 국제사회에 공언하며 전쟁무기뿐만 아니라 날마다 도발의지를 감행하고 있다. 일방적으로 모든 통신망을 두절시킨 다음

'휴전협정무효선언'에 이어서 서울 청와대는 물론 美본토까지 불바다 만들겠다고 공공연히 겁을 주는 상황이다. 어쨌거나 안 듣는 거만 못하고 마음이 뒤숭숭하다.

국가와 국민의 운명은 상호보완적이다. 부강한 국가의 국민은 정부로부터 많은 혜택을 받지만 빈민국은 국민에게 아무런 도움을 주지 못한다. 일설에 의하면, 북한 당국은 전 인민에게 20일분의 비상식량비축 명령을 내렸다고 한다. 그들은 절대빈곤에 허덕이면서도 단지 체제유지만을 위하여 서툰 짓을 자행하고 있다 보는데, 됐거든!/ 평화통일, 희망한국은 우리 손에 달렸다고 봐야할 것이다.

평화는 전쟁을 두려워한다. 우리는 진정한 평화주의자로서 총알이 아니라 빵과 희망을 만들어야 하며, 대망의 봄을 위해서 봄맞이 준비를 해야 한다. 올 4월은 유난히 북한의 전쟁 시나리오에 엮여진듯하여 조금은 자존심이 상하지만 우린 두려움에 사로잡힐 것이 아니라 사과나무를 심어야한다. 봄은 늘 우리에게 희망과 용기를 주기 때문이다.

내가 봄에게 물어볼 말이 있다. 나는 이북 동포들에게 장미한 송이씩을 달아주고 싶다. 김정은에게도 달아주고 싶다. 장미꽃이 싫다면 개나리꽃이라도 한 묶음 주고 싶다. 그리고 다시 평양에다 무궁화나무를 심어서 무궁화 꽃이 활짝 피게 하고 싶다. 삼천리강산의 봄아, 우리 7천만 모두에게 기쁨의 꽃을 다오! 그 꽃을 보면서 미소를 짓게 하리라.

잔나비 네 마리 (상)

우린 한마을 동갑내기 씨앗들이다. 하늘이 높다하여 지어진 하느멀(天村) 동네에서 그해 남자 다섯 여자 넷이 태어났으나 여자들은 시집가 소식조차 잘 모르고, 남자 다섯 중 공달이 한 놈이 일찌감치 하늘나라로 떠나 지금은 포항 전주 서울 각각 흩어져 산다.

그렇다. 흩어져서 살아도 생각하는 것만으로 친구가 좋고 이따금 들려오는 소식에 근황의 기쁨을 누리며 서로 격려의 대상이 된다. 다행히 튀는 놈이 없다. 소소한 정도의 차이는 있을지 몰라도 왕창 쪼들리거나 찌그러진 놈도 없어서 서로가 샘을 부릴 필요조차 없어 우정이 돈독하다. 우리는 어떤 경우라도 쩨쩨하지 않았다. 현실에서 도망치지 않았으며, 도전하였을 뿐이다. 그리하여 넷이서 애향심이 뭉치면 두려움도 없고 못할 것도 없다.

네 놈 다 자녀들의 교육은 물론 여우살이까지 끝냈다. 이제 정부로부터 공인된 시니어카드(노인우대증)를 받아 쥔 한가한 노인이 됐지만 100세 시대를 감안하면 애송이노인이라고나 할까. 아직 손을 놓고 살기에는 이르다고 봐야한다. 그래서일까. 아직 직장 생활하는 놈이 있으며, 자유업에 종사하는 녀석도 있다. 또 퇴직금으로 뱃속 편히 사는 땡감도 하나 있다.

우린 서로 닮았다. 이상과 꿈이 그렇고 현실도 마찬가지다. 서로가 만만하긴 해도 막돼먹지 않았으며, 가정환경도 얼추 비슷하거나 마누라들이 다 쌩쌩하다. 착하고 예의가 바르며 생활력이 강한 데다 자녀들까지 엄마의 인성교육을 제대로 받은 탓인지 말썽을 피운 경우가 없으니 우린 처복을 잘 타고난 보쌈(4합) 같은 친구들이라고 봐야한다.

이제 더는 숨기지 않겠다. 젊었을 땐 나이를 고무줄처럼 늘리고 나이가 들어서는 젊게 보이기 위해서 줄이기도 하였으나 금년 딱 70 먹었다. 아직 나이가 우대 받는 세상이 아니므로 자랑은 아니지만 인생이 인생을 파먹는 지경이 됐다. 하지만 나이가 훈장은 아니더라도 인생의 계급장이 될지는 모르겠다. 경험상 충분히 아는 사실을 모른 체 하긴 곤란해 나이만큼 잔소리가 들었다고 봐야하기 때문이다.

전주에 사는 친구 J한테서 전화가 왔다. 부부동반 여행을 떠나자는 것이다. 포항 P친구로부터 동의를 받았다면서 칠순기념으로 2박3일 국내관광이 어떠냐고 묻는다. OK! 나는 단박에 동의를 했다. 듣던 중 반가운 소식이어서 내친 김에 울릉도, 거문도, 여수박람회장 등을 추천하며 우리가 육지에서 자란 몸이니 해안이 좋겠다고 했다. 또 서울 K친구는 7월이나 8월이 좋을 거 같다고 말했다 한다.

7월도 좋고 8월도 좋다. 울릉도 좋고 거문도도 좋다. 언제 어디든 우리가 함께라면 더없이 좋다. 말하자면 의기투합이 이루어진 것이다. 바다든 산이든, 생애 마지막일지도 모를 절호의 기회에 비로소 가장 자유로운 마음으로 동심과 동행이 가능해졌다. 그리고 열정의 청장년 시절로 돌아가서 우리들만의 더없는 축제가 될 것이다. 40년 이상 함께 살아온 아내에게도 모처럼 위로의 잔치가 되고 자녀들에게도 기쁨이 될 것이다.

아, 옛날이여! 우린 풀잎 같은 자연의 모태로부터 태어난 순수 그 자체지만 사회적인 진화과정을 거치면서 때를 묻히고 마모의 변형을 겪었다고 봐야 한다. 친구들아, 2박3일 동안 우리가 옛날로 돌아간다고 생각하니까 마음이 설렌다. 그 짧은 시간에 70년 우정을 어떻게 다 풀어낼지 조금은 걱정이 되긴 하나, 이 땅에 최고 멋진 선례를 남긴다는 기분으로 만나자.

잔나비 네 마리 (중)

인생사 다 그렇고 그런 거라지만 어언 노인이라는 칭호를 얻게 되었다. 나이가 벼슬이 아닌 바에야 그다지 자랑도 아닌데, 분명한 사실은 하늘이 점점 가까이 온다는 것이며, 그 하늘이 우리에게 유리할 이유가 없다. 때문에 오늘 나들이는 우리 생애에 기념할 만한 아주 특별하고 화려한 외출이라고 봐야한다.

용산역에서 K친구 내외와 함께 KTX 타고 추억 만들기 여행을 떠난다. 물론 옆에는 아내가 탔다. 우리는 여수엑스포역에서 만나기로 했으므로 지금쯤 울산의 P도 출발했을 것이고, 전주에 사는 J도 기차를 탔을 것이다. 하지만 우리가 여수까지 가자면 익산에서 전라선으로 전주 남원 곡성역을 지나야한다.

곡성은 한 번도 가본 적이 없다. 없지만 곡성댁(대학동기) 생각이 나서 전화를 걸까 말까 하다가 접고 말았다. 곡성댁은 서울 살았으나 내려와서 투병 중인지라 섣불리 말을 꺼낼 수가 없기 때문이다. 그녀는 똑똑하고 다부지다. 리더십도 강하다. 근데, 느닷없이 요양 중이라는 소식을 듣고 편의상 '곡성댁'이라 부른다. 서운하지만 그냥 지나칠 수밖에,

용산에서 여수엑스포역까지 소요시간은 세 시간 반 정도다. 우리가 관광객 틈서리 끼어서 역에 도착하자 전주 사는 J와 울산의 P가 기다리고 있었다. 화창한 날씨에 눈이 부신데다 우린 서로 반가움에 들떠서 어디가 어딘지 모르고 어리둥절했으나 엑스포박람회장 건물의 위용을 보고서야 정신이 든다.

금강산도 식후경이라 했던가. 때가 돼서 택시를 타고 오동도에 갔다. 주차장에서 다시 동백열차(코끼리열차)를 타고 방파제 입구에 내려 끄트머리까지 1천2백 미터쯤 걸었다. 방파제 도로가 '아름다운 길 100선'에 뽑혔다고 한다. 과연 명성답다. 시야가 뻥 뚫려서 끝은 보이지 않지만 고만고만한 산과 외항선박들이 눈의 즐거움을 더해 준다.

눈이 먼저냐 코가 먼저냐는 대봐야 안다. 우린 방파제 다 가서 짐을 부렸다. 파도가 철썩 댄다. 몇몇 나이든 해녀들이 연신 물질하고, 다른 한 쪽에서는 낚시꾼들이 귀요미처럼 앉아 있는데 갯바람이 겨드랑을 스쳐지나 보송보송 하다. 아까 기차에서 내려 준비한 과일이며 생선 따위 등 먹을거리 보따리를 풀자마자 눈보다 코가 먼저 호사를 누린다.

우린 바낫가에서 도란도란 둘러앉아 껄껄 댄다. 낭만의 김밥과 아무래도 막걸리가 있기에 문어가 배배 춤을 추고, 고추

장 뒤집어쓴 광어도 졸깃졸깃한 맛을 자랑한다. 술잔이 공중에서 왔다 갔다 하는 사이 사생활이 적나라하게 파헤쳐지지만 우린 그래도 거침이 없고 불그스레한 얼굴이 마냥 좋기만 하였다.

"내가 술 먹어서 하는 소리 아냐. 나 고생 무지 했거든. 고향을 떠날 때 10년 안에 자가용 타고 다시 찾아올 거라고 했는데, 딱 13년 걸렸어. 이젠 괜찮아. 아파트가 두 채나 되고 자식들 다 여우살이 시켰으니까 태풍이 불어도 난 끄떡없다네. 큰놈은 캐나다에서 회사 근무 중이고 며느리는 영어교사야."(P)

"나도 다행이야. 서울 처음 와서 좀 어렵게 살았지만 운이 좋아서 큰 고생은 하지 않았다네. 애들도 속 썩히지 않고 제대로 커줘서 정말 안심이야. 큰사위는 치과의사고, 둘째는 외국보험사 중역이지. 그리고 셋째는 한의사야. 아들은 지금 외국에서 근무 중인데 조만간 나랑 지그 엄마랑 초대한다고 하더군! ㅎㅎㅎ"(K)

"우리 애들도 불혹의 나이가 됐지. 큰애가 마흔다섯이야. 특별하진 않지만 다들 잘 살고 있으니까 ㅎㅎㅎ 효자라면 효자가 되겠지? 난 교육공무원연금으로 살면서 1주일에 3일은 건강관리를 위해 당구장에서 살다시피 하고, 집사람은 무용도 배우며 요가도 한다네."(J)

우린 사전에 터놓고 식구자랑을 하기로 했다. 대신 1인당 1

만원씩 내놓기로 해서 모두 12만원이 모아졌다. 행여 다른 모임 같았으면 충분히 눈총을 받을 만한 일이지만 우리가 누군가. 너무나 서로를 잘 알고, 충분히 이해할 만한 동갑내기 한 마을의 씨앗들이다. 그래서 되레 격려하고 박수를 쳤다.

거나한 기분으로 유람선에 몸을 실었다. 포말을 일으키며 내달리는 물안개도 좋긴 좋으나 주말이 아닌 탓으로 북적대지 않아서 좋았다. 유람이라고 해봤자 섬과 육지 사이 포구를 끼고 돌산대교(1, 2대교)까지 되도는 단거리지만 나무들이 아기자기 우거진 섬과 비린내가 코코 찌르는 바다와 어촌의 소담스런 풍광들이 거푸 카메라 셔터를 누르게 한다.

배에서 내려와 우린 오동도에 올랐다. 멀리서 보면 오동잎처럼 보이고 오동나무가 빽빽하다 해서 '오동도'라 부른다고 한다. 그러나 섬 안에 오동나무뿐이랴. 오동도는 동백섬이다. 그리고 오동도는 온통 대나무 밭이다. 때가 때인지라 동백꽃은 만발하지 않으나 길목마다 울창한 대나무와 동백나무들이 개선문처럼 굴을 형성해서 지나는 우리들의 사기를 북돋는다.

하지만 헉, 그다지 높지 않은 산인데 J친구가 땅에 주저앉고 만다. 또 다른 친구들이 하산을 재촉하고 내려가는 사이 나는 남자의 거시기처럼 생겼대서 갖다가 붙인 남근목(男根木)을 봤다. 글쎄다. 보는 것이 무슨 죄가 될까마는 보고나서 아내 대하기가 어찌나 민망하든지 후다닥 내려와 시치미 뚝 떼고 말았다.

짧은 시간에 여수를 다 말할 순 없다. 한때 까칠한 사람들이 많았던 어둠의 도시다. 그러나 누명은 벗었다. 여수 시민들의 자정 노력으로 세계해양박람회가 열리는 정도가 됐다. 친절서비스뿐만 아니라 도시정비가 잘되고 곳곳마다 변화의 모습이 보인다. 한마디로 꿈을 꾸는 도시란 생각이 든다.

저녁은 싱싱한 생선회와 술로 배를 채우고 거나해진 P친구가 고향의 역사를 줄줄이 꾀는 바람에 밤을 지새울 지경이 됐다. "××네 형이 꺼먹둥이고, 거시기형은 거시기네 형보다 나이가 위야! 걔? 걔는 폐병으로 죽은 그 양반 세컨드에서 생긴 애지. 근데 걔가 지금 그 집에 살고 있잖아! 그래, 걔가 걔야!"

J가 말을 거든다. "걔네 작은아버지 알지? 사실은 6 · 25 때 우리 작은방에 굴을 파고 숨겨 줬거든. 좌익운동 좀 하다가 꼼짝없이 붙잡힐 처지가 됐는데 우리 아버지께서 숨겨주신 거야. 그래서 살았어! 그리고 곱사네 아버지도 마찬가지야. 내가 봤거든."

K도 이어 받는다. "곱사네 아버지가 참말로 장구 잘 쳤지. 동네마다 다니던 유명한 설장구 잽이었거든. 자네들도 기억하지? 굿할 때마다 우리가 졸졸 따라 다녔잖아! 시앙꼴, 지름재, 풍촌 그리고 신방죽 과신 산지촌 방아다리까지 ..."

나도 한마디, "박씨네 문중 묘는 그대로 있니? 거기서 자치기도 하고 기만전도 하면서 참 재밌게 놀았는데, 여자 아이들이랑 공기놀이도 하고 줄넘기도 하고 ... 정×랑 ×순이랑 옥이랑 어디 사는지 보고 싶네. 그리고 동갑내기 죽은 공달이 생각도 나네."

비가
오네
어릴 적은 이런 날이 좋았지만
이젠 청승이네

부질없이
낭만에 젖은 가슴
뉘일 곳조차 눅눅하여
성이는데

지금
그대가
꽃 봉우리처럼 내 옆에 있어 참 좋으이
숨기는 거보다 자랑하고 싶은 일들이
더 많기에 (졸시 : 우정 전문)

잔나비 네 마리 (하)

아침이다. 정원박람회가 열리고 있는 매력의 도시 순천으로 가기 위해서 짐을 꾸렸다. 짐이라고는 달랑 배낭뿐이지만 혹여 한 가지라도 빠질까 신경을 고추 세운다. 모두가 부석부석한 얼굴들, 부인들도 제대로 잠을 못 이룬 듯하다. 아침 먹고 순천행 버스를 타고서야 조금 생기가 돋는 거 같다.

40여분 가는 동안 처음 안내한다는 새내기 도우미에게 사사로운 질문이 쏟아진다. 답변이 끝나기도 전에 돌직구 질문에 다리가 후들후들 떨린다고 말할 정도다. 시외버스라곤 하나 다행히 우리 일행이 거의 다다시피 하여 P친구의 농담조 질문도 가능했으며 어느새 목적지까지 왔다.

너무 햇볕이 쨍하다. 35도 폭염 속에 구경이고 나발이고 다 관두고 싶지만 그냥 가긴 억울해서 이러지도 저러지도 못하는 처지다. 그러나 살다보면 억지가 통할 때가 있다. 하루 반나절이 걸린다는 박람회 관람을 셔틀버스 타고 드라이브관광으로 시간을 줄였다. 쉽사리 볼 수 없는 세계 각국의 희귀한 꽃나무들이 요염한 여배우처럼 거푸 유혹하는 데도 모두가 지친 표정들이다.

하기야, 꽃이 곱다고 한들 웃음꽃만 하겠는가. 평소 유머감각이 뛰어난 j친구의 농담이 더위의 저격수가 된다. 우린 송광사 가기 위해 버스를 탔다. 그러나 여기서도 변수가 생겼다. 술에 취한 어느 승객이 상욕을 하면서 떠들고 소란을 피운다. 이에 P친구가 윽박지르는 바람에 겨우 수습이 되긴 됐으나 뒷맛이 개운치 않았다. P는 역시 든든한 친구다. 다리가 아프다 하면서도 아직 왕년의 기운이 살아 있어 보인다.

꾸역꾸역 달려서 당도한 송광사, 주차장 입구 식당에다 배낭을 맡겨놓고 걸어서 올라오는 동안 늘씬한 팽나무들이 줄지어 길을 터준다. 송광사는 유서 깊은 고찰이다. 신라 혜린선사가 창건하여 '길상사'라 했다고 한다. 조계종의 발상지로써 추사 김정희의 서첩과 영조의 어필, 그리고 흥선대원군의 난초족자 등이 사내 박물관에 소장되어 있다고 하나 우린 별로 관심을 두지 않았다.

마지막 밤 숙소는 순천시내 '아랫시장' 부근에 잡았다. 304호 여자들 방에서는 무슨 일이 벌어졌는지 알 수 없지만 303 남자들 방에서 괴상한 사건이 생겼다. 문제의 발단은 역시 P다. 아까 정원박람회서부터 막걸리 병을 들고 다니며 홀짝홀짝 마시더니 숙소에 와서도 술이 밥보다 좋다면서 또 마셨다. 그리고 고대 곯아 떨어졌는데 ...

P의 잠꼬대는 장난이 아니었다. 밤새껏 구시렁대는 소리에

잠을 이룰 수가 없었기 때문이다. 꿈도 아니고 생시도 아닌 거 같아서 신경이 쓰였던 그날 밤 숨을 죽이고 끝까지 지켜봤다. 요상한 잠꼬대는 밑도 끝도 없이 옹알거리는 바람에 적잖이 놀라기도 하였으나 다음날 멀쩡한 모습을 보고서야 안도가 되었다.

새벽이다. 나는 순천만의 자연 생태계를 보기 위해서 친구들이 잠든 사이 홀로 택시를 탔다. 말하자면 자투리 관광인 셈이다. 공원의 출입문은 굳게 닫혀 있었으나 자판기 관리하시는 아주머니께서 요령을 일러주신다. 들어가는 문을 살짝 밀고 들어가니까 순천 시내를 관통하는 동천물이 흘러들어서 염습지로 이루어진 광활한 터에 사람 키보다 웃자란 갈대들이 빼곡하다.

갈대의 씨앗뭉치가 햇살의 부심에 따라서 은빛이 되고 잿빛과 금빛으로도 장관을 이룬다고 하는데 아직 미명의 순천만은 닫혀 있다. 미세한 바람이 갈대숲의 정적을 부스스 흔든다. 저 새가 무슨 새일까. 노랑부리 저 새가 따오기인지 저어새인지는 구분이 되지 않으나 앉아 있는 모습으로 봐서 알을 낳는 듯 하고 혹여 까는 거처럼 보인다.

오늘은 마지막 관광코스로 전통마을의 대표적인 '낙안읍성'을 잡았다. 낙안읍성은 조선시대의 전형적인 마을이 실제로 존재하는 '마을박물관'이다. 성곽의 길이가 1,410m로 그 안에 초가집이 20채이고 120세대(288명)가 살고 있으며 각처 사람들에게 볼거리를 제공하는 명품관광지다.

K친구 부부는 이조시대에서나 볼 법 한 사대부 양반집 부부처럼 거리를 두고 걷는다. 솔직히 말해서 우리들은 시골에서 태어나 살았기 때문에 익히 알고 있는 풍경들이라서 특별한 감동이라기보다는 좋은 추억에 대한 감회라고 봐야할 것이다. 우린 이집 저집을 기웃대다가 성(城) 중간쯤 모정(정자)에서 아슴푸레한 세월 붙들고 추억여행을 하게 된다.

누구나 마음이 갠 날은 사랑하고 싶어 한다. 스물네 살에 장가를 들어 꼬마신랑이라고 놀림을 당하던, 그러나 호기심의 대상이었던 J친구는 아직도 부부가 두 손을 꽉 잡고 걷는다. 웃자고 하는 소리지만 더 노골적으로 눈을 부시게 하는 P친구야말로 닭살부부다. 부인이 직접 음식을 골라서 입에다 넣어주는 등 서비스가 시종 신혼부부 뺨칠 정도다.

지금쯤 고향에는 말벌김매기가 한창일 테고, 개똥참외가 노랗게 익어갈 때다. 흐르는 물꼬를 막아놓고 물을 퍼내며 고기 잡던 시절이 엊그제 같은데 우리가 벌써 70이라니, 참 어이가 없다. 이따금 가서보면 될 일이지만 이유 같지 않은 핑계로 먼발치서 보는 처지다.

그래서일까. 여태까지 살아온 것에 대한 회한이 깊어지는지도 모르겠다. K친구가 느닷없이 먹먹한 속울음을 왈칵 쏟아낸다. 초록이 서로 다르지 않듯이 울산 P친구도 같은 눈물을 보이고 전주 J와 나도 촉촉해진 가슴으로 잔잔한 호수를 만든다. 그러다가 우린 자투리 웃음 하나를 뱉어내고서 다시 술잔을 부딪친다.

우리가 90 나이쯤 되어서 그때 그 메마른 미소가 무슨 의미 있을까. 두렵다. 함께 술을 마시고 껄껄 웃어도 왠지 허기가 진다. 때로는 욕도 하고 미워도 하지만 우리 사이가 세상에서 점점 멀어진다고 생각하면 아쉽고 못 견딜 만큼 아프다. 다섯 중에 넷 남은 동갑내기 친구들아, 김성수, 박근철, 전성준, 그리고 나 김동기, 4합의 보쌈 같은 우정을 세상에 새겨두고자 한다. 부디 건강하게 살아다오.

잔나비 네 마리가 재주를 부린다
재주를 부리다 저 혼자 넘어지고
뒹굴고 다시 벌떡 일어나서
삐에로가 된다

허, 우습더냐? 저 헛것들 앞에
까불며 살아온 생애가 기막히고 그토록 우습더냐
바람에 떠밀려서 살아온 등신이 아프고 슬프더냐
손금보다 가느다란 생명줄에 매달려서 살아온 게
참말로 억울하더냐

추억이 별처럼 쏟아지는 황혼의 바닷가에서
혹은 땅 끝 그 초라한 방 안에서
함부로 사생활을 파헤치며
잔나비 네 마리가

연극을 한다

술 한 잔 먹어서 하는 소리 아냐
무슨 원한이 있어서 하는 소리도 아냐
그 깐 놈의 사랑 때문에 하는 소리도 아냐
돈 때문도 아냐

하면서, 한 세대가 번개처럼 돌아가는 순간
여윈 세월을 붙들고 먹먹한 속울음 왈칵 토한다
우리가 이제 70 갓 되어서 자투리 웃음도 뱉어 낸다

(졸시 : 잔나비 네 마리 전문)

2부 여름

바람의 교태

딸네 방문기

독재자의 딸, 나는 딸의 독재자다. 첫딸은 그렇다 치고, 둘째는 아들이길 바랐으나 딸이라서 조금은 서운했던 게 사실이다. 겉으론 내색을 안 하고 또 딸이면 어떠냐 했지만 왠지 아들에 대한 미련 때문에 덤으로 낳은 딸이 셋째다. 나는 딸 바보가 아니라서 단 한 번도 품에 안아보거나 볼에다 뽀뽀한 기억조차 없다. 손을 붙잡고 걸어본 일도 없다. 아마도 독재자의 딸들은 아버지에 대한 좋은 추억보다 울다가 보자기 씌움을 당한 처절했던 아픈 기억들이 오히려 생생할지도 모르겠다.

나는 억압으로 아버지의 사랑을 보이려고 했다. 창문다다 철조망 굳게 쳐놓고서 절대로 밖을 내다보지 마라. 만약 어떤 괴한이 나타나거든, 저 야구방망이로 휘둘러 대든지, 이 가스총으로 그자의 가슴에 명중하라. 그것만 네가 너를 지키는 최선이다 말했다. 그런 다음 사춘기가 지나고 대학생이 되면서 무장해제 시켰다. 창문을 반쯤 열어라. 가슴에 잡초가 무성하지 않도록 사랑과 낭만을 담아라. 그랬지만 지금 생각하면 고전의 전설 같은 어이가 없는 일이다.

고맙다. 주눅 들지 않고 곱게 성년이 돼서 각자 평생의 반려자를 만나고, 만나서 아이도 낳고, 또 나름대로 직장생활 잘하고 집들도 장만하였으니 친정아버지로서 그지없이 자랑스럽다. 한창 클 때는 부모로서 속으로 은근히 걱정도 했으나 용케 모든 유혹을 잘 버텨줘서 고맙다. 공부 잘해야 좋은 신랑감을 만나고 사회적으로도 출세한다며 닦달을 했던 것이 조금은 후회가 된다. 인생의 단 한 번 기회인 것을, 하고픈 대로 도와주지 못한 게 아쉬움으로 남는다.

나는 이제 비행기 대신 자가용으로 화려한 외출을 한다. 사위가 운전하고 딸이랑 나이든 아내랑 함께 중부고속도로에 접어들었다. 오밀조밀한 도시와는 달리 시야가 확 트여서 세상이 한층 드넓어 보인다. 조금은 스쳐가는 거 같아 질주의 속도가 아쉽긴 하지만 기다림 끝에 터지는 설렘이라고나 할까. 산이며, 들이며, 마을과 마을의 냇물들이 그리고 따가운 햇살을 등에 지고 걷는 저 사람들이 나를 거푸 감격케 한다.

한 시간 조금 지났을 것이다. 충청도 어디쯤 바둑판처럼 그어진 국도변 복숭아밭과 공동판매장을 지나면 흰 달빛 아래서 몰래온 여인들이 속살을 들어내어 만양 부끄럼 타던 곳, 조막손으로 송사리 한두 마리 정도 능히 잡아 올릴 수 있는 도랑에 졸졸 물이 흐른다. 잔잔히 사시가(四時歌) 들으시며 여유로운 부모님의 여생을 위한 효심으로 둘째 사위네가 지은 황토방 초가집에 당도했다.

사돈어른 내외분께서 반가하게 맞이하신다. 이 고장은 논도 많고 밭도 많지만 복숭아가 유명하다고 한다. 이사 온지 얼마 안 되셨는데도 마을인심 덕택인 듯 신수가 퍽 좋아 보이시는 안사돈께서 벌레에 흠집과 상처를 당한 과일들은 온 동네 나눠주기한다며 도시인심 비할 바가 아니라고 하신다. 오늘은 복숭아 대신 직접 수확하신 무공해 찰옥수수를 큰 쟁반위에 내놓으신다.

역시 모국어 향연이 압권이다. 경상도 말씨와 전라도 말씨가 적당히 뒤섞여서 본디의 사투리는 사라지고 어정쩡한 충청도 말씨가 된다. 이러지 안하셔도 되는데, 온도가 32도라고 하시면서 물과 음료수를 내놓으신지라 서울 같았으면 대뜸 콜라나 사이다를 골랐을 것이나 체면상 뜸을 들이다가 물부터 손이 간다. 또 사돈어른께서 말씀 하시기를, 포항에서는 노상 바다를 보고 살았는데, 여기 와서 흙냄새 맡고 사니까 정녕 자연인이 된 것 같다 하신다. 그리고 말씀 사이사이에 서예도 하시고, 트럼펫도 배우신다며 슬쩍 자랑을 끼워 넣으신다.

그사이 종갓집 안사돈의 손맛으로 요리상이 차려졌다. 각종 부침, 찌개, 탕, 편, 과일 등 신선이 울고 갈 황토색 아방궁 거실에서 애들은 애들대로 어른들은 어른들대로 먹고 마시며 과분한 환대에 감동을 포식한다. 거나한 분위기 탓일까. 좀 체로 하기 힘든 말을 서슴없이 한다. "건강하고 똑똑한 아들을 키워주셔서 감사합니다. 부족한 여식을 잘 부탁드립니다." 하고 내가 먼저 사의를 건네자 사돈께서도 답을 하신다. "요즘 보기 드문 며느리입니다. 반듯하고 곱게 자란 며느리라서 가문의 영광으로 생각합니다."

우린 술잔을 크게 부딪쳤다. 그리고 이내 아쉬운 석별의 정을 나눈다. 그냥 해오던 버릇이지만 더는 긴말이 필요가 없는 상황이다. 나도 언젠가 빚을 갚아야할 텐데 하면서 상행선 고속도로를 타고 서울에 당도했다. 밤보다는 낮이 긴데 집에 왔을 땐 어둠이 또 하루를 거두고 특별한 외출에 대한 여운 한 자락 깔아준다. 독재자의 가슴이 녹아지는 순간이다.

영원한 구원투수

구원투수란 야구에만 있는 게 아니다. 살면서 남의 도움을 받지 않고 살기는 하늘에서 별을 따는 일만큼이나 불가능한 현실이다. 때문에 서로 상부상조하여 어려움을 해결하는 것이 인지상정이며, 그 같은 한마음의식이 안전한 가정과 건강한 사회화의 근간을 형성한다. 내가 위기에 서있는 누군가에 구원투수가 되고, 나에게도 누군가가 나타나서 필요할 때 도움을 주는 구원투수가 있다는 사실이 행운이다. 우리는 그렇게 살았으며 또 그렇게 산다.

오늘은 둘째 딸이 와서 오랜 기억을 더듬어준다. 어렸을 적에 아빠랑 시장엘 갔는데, 잘 익은 홍시를 달랑 한 개만 사서 혼자 냉큼 먹어치우더라는 것이다. 그래서 서운했고 서운했으나 말을 할 수 없었다고 한다. 글쎄다. 옆에서 얼마나 먹고 싶었을까. 그 일이 못내 가슴에 남았던지 30년이나 지난 얘기를 웃으며 한다. 그리고 이어서 허를 찌르는 아내의 역습이 시작됐다.

'말도 마라. 쇠고긴지 양고긴지 실컷 자시고 목이 탄다며 콜라 한 병 사들고 와서 꼴깍꼴깍 혼자 마시더라. 인정머리라고는 눈을 씻고 봐도 없는 양반이 니그 아부지여!'

참 아내가 명석하다. 딸은 웃으면서 공격하고 아내는 역습으로 곤궁에서 나를 구한다. 멋지다. 말이 길어지면 질수록 내가 곤궁에 처할까 봐 얼른 딸의 말을 가로막고 대신 저격수 노릇 하면서 사태를 수습해 준다. 내가 아내의 깊은 뜻을 모를 리 없다. 구원투수답게 아내는 나를 구박하면서도 위기 때마다 발 벗고 나서서 구출작전을 편다.

왜일까. 그런 아내가 밤새 뒤척이다 새벽녘이 돼서야 잠이 겨우 든다. 푸- 푸- 곤하게 잠이 드나 싶은데, 얼마 안가서 악몽에 시달리는 걸 보면 나 또한 긴장이 되고 슬프다. 잡귀를 쫓는 요량으로 잠든 아내를 흔들어 보지만 이번에는 밤이 무섭다며 식은땀을 쏟아낸다.

관절이 저리고 허리가 아프다며 침을 맞았다. 어제도 맞았다. 세상에서 가장 똑똑하고, 잘생기고, 공부 잘한다고 생각하는 일등짜리 외손자가 왔으나 그냥 돌려보낸 후 뒤돌아서 아내는 운다. 노환이라 그렇다기에, 쇠한 몸에 좋다는 오미자를 끓여서 마시고 뽕나무 열매(오디)도 먹었지만 아내는 인생이 억울하다면서 세월의 무상함을 탓한다.

무엇으로 아내의 어둡고 우울한 가슴을 환하게 할까. 이제부터 내가 아내의 구원투수 차례다. 아내의 모든 꿈과 행복을 위하여 무엇을 할까 고민해 봐야겠다. 경우에 따라서는 내가 뒤에서 휠체어를 밀어줄 지도 모르지만 아내여 절망하지 말아요. 내가 그대의 발이 되어 줄 것이오.

아침에/ 좋은 하루 되세요/
하고, 나이든 아내가 손을 흔든다/
나도 화답했다/ 백 살은 충분히 살 것만 같다/
하면서, 고마워요 라고//

한 낮에/ 또 아내한테서 전화가 왔다/
차 조심하라며 밥도 굶지 말라고/
전화 나도 걸었다/ 문단속 잘하고 아픈 데는 없냐며/
종일 당신 생각뿐이라고//

저녁에/ 감귤 서넛 든 까만 비닐봉지 들고/
나는 대문 앞에서 초인종을 눌렀다//

아내가 말하기를/
반가워요 당신을 환영합니다/
나도 말했다/
땡규! 당신을 사랑합니다 (졸시 : 황혼의 부부 전문)

잘 먹고 잘사는 법

입보다 더한 팔방미인 또 있을까. 이 세상 모든 것들을 다 넣어도 입은 마다하지 않고 오히려 더 못 먹어서 안달이다. 그만큼 입은 미식가요 포식가다. 그래서 사람 사는 곳마다 음식점이 즐비하며 맛자랑을 통해서 까칠한 호식가들의 입을 즐겁게 한다. 하긴, 금강산도 식후경이라는데 먹는 거 이상으로 위대한 행복잔치는 없을 것이다.

잘 먹어야 잘 산다. 배가 든든하면 부러울 게 없을 만큼 여유가 생기기 때문이다. 불만과 갈등은 먹고사는 문제로부터 비롯하며, 정의로운 소득과 분배가 민주주의 척도다. 그러나 풀만 가지고 배를 채울 수 없으며, 고기반찬만으로도 맛의 만족을 얻을 순 없다. 먹고 마시는 것뿐만 아니라 눈요기도 정신건강에 훌륭한 식사가 되므로 갖는 것과 보고 싶은 것들이 부족하면 허기진 생활일 수밖에 없다.

사실 어느 사회고 간에 고민은 있다. 오늘날 우리사회도 마찬가지 철학이 없다는 자성의 목소리가 높다. 그만큼 가치관의 혼돈과 정체성이 모호한데서 기인한다. 가령, 오만가지 다 있어도 꼭 가져야할 것이 없으면 행복하다고 말할 수 없을 것이다. 왜소한 풀잎파리 하나에도 바다와 같은 사연이 있을 테고, 하루살이 미물들도 우울한 지구를 춤추게 하는 기적 같은 기쁨이 있을 테니까 사는 이유일 것이다.

사회적 규범이란 꼭 행복을 보장해 주는 장치라고 할 수는 없다. 그러나 인식의 오류는 보는 관점에 따라 다르며, 생각하는 바에 따라서도 다를 수 있다고 본다. 세상을 바라보는 통찰의 능력은 사람들 저마다 차이가 있고, 개성은 사람의 브랜드와 같은 것이기에 보다 나은 삶을 위한 생활이 더욱 복잡해지며 치열하다. 그렇다. 복잡하고 치열해질수록 우리는 세상 살아가는 지혜로운 방법을 끊임없이 요구 받는다.

서울만큼 밤마다 십자가가 불야성을 이루는 도시도 드물 것이다. 비단 기독교뿐만 아니라 불교 유교 등 다문화 종교의 천국이라고 봐도 과언이 아니다. 그런데 아무도 행복하다고 말하는 사람이 없으니 이를 어떻게 설명해야 될지 난감할 뿐이다. 결국 어떻게 사는 것이 잘 사는 것인지 어느 누구도 단언할 수가 없으므로 서로 마찰이 생기고 시끄러운 빌미가 된다고나 할까.

옛말에, 물이 맑으면 고기가 없다(水之淸者常無漁)고 했다. 이는 원칙만을 내세우다 우(優)와 열(劣)의 양극화로 평등을 지향하는 사회 구간이 위험하다는 의미로 해석된다. 사람이 지나칠 정도로 대쪽 같거나 청렴하기 이를 데가 없으면 주변이 싸늘하기 마련이며, 주거니 받거니 상대할 만해야 비로소 인심이 모아지고 북적대는 거가 세상의 속성이다.

살다보면, 잰걸음도 비효율적인 때가 있다. 뛰어봤자 벼룩이지, 호랑이처럼 겁주고 힘을 써도 먹혀들지 않을 때가 있는 법, 굽이 높은 하이힐은 16cm 더는 넘지 못한다. 혹여나 그러한들 허허벌판에 혼자라는 존재가 무슨 의미인가. 인생 외톨이는 박수를 받을 수 없다. 좋은 사람, 또는 훌륭한 사람이란 버릴 것(나눔)이 많은 사람이다. 우리의 아름다운 삶은 칭찬을 들으면서 사는 것이다.

생선에 소금이 과하면 짜다. 그렇다고 해서 너무 적게 쓰면 싱겁고 맛도 없을뿐더러 부패하기 쉽다. 소극적인 삶도 문제가 되며, 독단은 언제나 자기 것의 명품을 만드는데 능력과 효율성이 떨어진다. 우리 명심하자. 필수는 삶의 공통과제지만 선택은 자신이 자신에 대한 가장 중대한 시험과목이다. 이 땅에 예수님이나 석가님이 오시지 않아도 우리 끼리 알콩 달콩 잘 사는 착한 세상이 되면 좋겠다. 비록 내 이름이 빛나지 않더라도 올바른 세상을 향하여 호랑이처럼 정의롭게 살다가 사슴처럼 순하게 죽는다면 여한이 없겠다.

생활이 그대를 힘들게 하거든

독수리가 산양을 잡는 생존방식이 참으로 절묘하다. 힘으로 보나 덩치로 보나 독수리는 산양과 대적할 만한 상대가 못되지만 꾀가 많은 독수리는 산양에게 곧 잡힐 듯이 약을 슬슬 올려대면서 산 위쪽으로 도망치며 유인한다. 이윽고 꼭대기 즈음에 이르러 독수리는 산양을 절벽 아래로 밀어내고 곧바로 날아서 땅에 굴러 떨어진 산양을 포식하는 것이다.

어떤 일에 죽을 힘 다하면 못 이룰 것도 없다. 얼마 전에는 중학생이 시험성적 때문에, 또 어떤 고등학생은 헤어진 남자친구가 사는 아파트 옥상에서 몸을 던졌다고 한다. 얼마나 살기가 힘이 들었으면 하는 일말의 동정심이 생긴다. 그러나 꼭 그래야만 했는가 하는 아쉬움이 더 크게 남는다. 꼴등도 얼마든지 성공할 수 있는데... 나쁜 친구 걔 말고도 좋은 친구 또 만날 수 있는데... 이 세상을 아주 떠나다니, 참 바보 같은 짓이다.

우리는 꼼수와도 함께 산다. 키가 작은 사람이랑 어느 땐 나보다 더 큰 사람이랑 섞여서 살아간다. 뜻이 맞거나 틀리더라도 하는 수 없이 살아가는 경우도 생긴다. 그러자니 죽을 맛이다. 나보다 잘난 놈도 꼴 보기 싫고, 부자도 싫다. 거만한 놈들은 더더욱 패주고 싶다. 하지만 생활이 그대를 힘들게 하더라도 ...

행복이란 인식의 차이다. 예를 들자면 이런 것. 최근에 결혼한 아들내외가 2주마다 인사차 집에 오곤 한다. 오는데 식사시간을 피해서 오후 두세 시쯤 왔다가 꿔다놓은 보릿자루 만양 별반 얘기도 없이 저녁시간 전에 훌쩍 간다. 이를 두고, 나는 '저놈(아들)이 지 색시가 불편해 할까봐서 빈 시간에 왔다 가는 거다'라 말하고, 아내는 '아니죠. 지그 엄마가 힘들까봐서 그러는 거예요'라고 효심에 감동한다.

그렇다. 같을 사안을 가지고도 해석이 다르다. 나는 아들의 행동을 괘씸하게 여기는가 하면, 아내는 격한 감동으로 받아들이는 것이다. 하여, 행복과 불행이 함께 존재하는 것을 알 수 있다. 보는 것은 생각하기 나름이다. 사람들아, 감정을 자제하라. 감성 그대로 살다보면 이성이 흔들리고 이성이 흔들리면 짐승이 된다. 대개는 하늘이 내 편 아니라고 서운해 하지만 하늘만큼 공평한 정의가 어디 있는가. 사람이 짐승으로 산다면 참으로 슬픈 일이다. 감성과 이성이 서로 궁합이 돼야 제대로 사는 삶이 아닌지 정의해 본다.

금(金)이 반짝반짝 빛나기까지는 불(火)의 사이를 지나왔기 때문에 가능한 일이다. 고통 없이는 행복도 얻을 수가 없다. 성공은 훨씬 구체적이며, 있는 그대로 현실을 인정해야 새로운 방법과 힘이 생기는 법이다. 길은 어디나 있다. 있지만 길 위에서 길을 묻는 이유는 우리가 그 길을 모르고 있기 때문이다. 아무리 험하고 높은 에베레스트 산에도 길이 있고, 망망한 태평양 바다에도 뱃길이 따로 있다. 나에게 가능한 길을 찾아서 끝까지 포기하지 않는다면 인생의 낙오자란 오명을 씻을 수 있다고 믿는다.

꿈의 모태는 가난이다. 부족한데서 모든 꿈이 싹트고, 그 꿈이 삶의 가치를 만드는 버팀목이 된다. 다시 말해서 진정한 행복이란 꿈을 꿀 때의 설렘 같은 것. 그리고 그 꿈이 실현되었을 때의 포만감 같은 것이다. 멋지게 살아서 나를 힘들게 한 그것들에게 코가 납작하도록 본때를 보여주자.

남에서
북상하는 분노의 왕
저 헛것들을 몽땅 쓸어버리고
또 서울에서 한바탕 번쩍 후려친다.

뭇매에 도시는 실종되고
융단처럼 퍼붓던 우레의 아우성들이
떼 지어서 하수구로 투신하는 물의 몰락

방세가 또 뛰겠다.
지하에서 지상으로 올라온 비에 젖은 친구
이번엔 더 높은 옥탑에서 살아야 하느니
맨 날 숨이 차겠다. (졸시 : 소나기 전문)

K-팝

대개 문화사절단이 국제교류의 물꼬를 튼다. 그만큼 연예, 스포츠 등 문화교류를 통해서 공감의 힘이 생기기 때문이다. 우리는 세계를 지향하는 공감의 힘이 필요하다. 산업자원이 부족한 나라로써 달리 방법이 없기 때문이며, 잘 먹고 잘 살자면 서로 공유하는 바가 크고 많을수록 삶에 유익한 콘텐츠가 되기 때문이다.

요즘 Korea K팝이 지구를 흔들고 있다. 요상한 춤과 노래가 새로운 문화로 자리를 잡고 앉아서 일본, 중국의 청년문화뿐만 아니라 팝의 본고장인 유럽지역 심장부를 강타했다. 영국 프랑스 젊은이들이 열광적으로 한국의 아이돌 공연을 관람했으며, 다른 지역에서도 도심의 광장에 모여 앵콜 공연까지 요청하는 시위의 진풍경을 보였다. 그들은 인종과 국경, 언어를 뛰어넘어 한국 K팝가수들에게 매료되어서 노래를 따라 부르거나 같이 춤추며 신자유주의와 호흡하는 모습을 보인 것이다.

그리고 미국에서 큰 인기를 얻고 있는 K-팝가수 싸이의 '오빤 강남스타일'은 말춤 하나로 웬만한 중소기업은 저리 가라 할 정도로 경제적 가치를 국가수입에 이바지하고 있다. 뿐만 아니라 중동과 남미의 공략을 위해서 철철 넘치는 개성과 파워풀한 아이돌 팝가수들이 한류의 국가대표로써 k팝 안착을 위하여 부단히 속도를 더하고 있다.

K팝 열풍은 식을 줄 모른다. 그들이 가는 곳이면 어디든지 열광적이며 너무도 완벽한 춤과 음악, 패션은 물론, 연기, 예능으로 대중들의 가슴을 파고든다. 그래서 세상은 더 밝아지고 더 역동적이며 더 행복한 삶을 누린다 해도 과언이 아니다. 공감의 힘은 음악에서만 얻어지는 것은 아닐 것이다. 스포츠에서도 마찬가지다. 축구선수 박지성이 그렇고, 피겨의 여왕 김연아선수도 그러하며 리듬체조 손연재 선수도 국익을 선양하는 우리의 보배다.

요즘은 야구에서 우리의 귀와 눈을 즐겁게 한다. 타석의 대들보 이대호선수(日), 안타의 귀재 추신수선수(美), 괴물투수 류현진선수(美)가 웬만한 중소기업 이상의 연봉선수로서 부러움과 온 국민들에게 격한 감동을 준다. 특히 류선수 경우 LA 다저스에서 입단 초년병인데도 완봉승을 기록, 조국에 대한 긍지와 실의에 빠진 이들에게도 좋은 위안이 되고 있다.

오늘도 스타들은 세계 도처에서 맹활약 중이다. 그들은 자신들의 명예뿐만 아니라 모든 이들에게 꿈과 희망을 주고 대한민국의 위상을 드높이는 애국자들이며 음악이나 춤으로써 혹은 스포츠로 미래창조를 선도하는 예술가들이다. 예술은 끊임없이 사회적 변화를 추구하면서 삶의 본질을 더 아름답게 만드는 고상한 힘이 있다. 한마디로 우리 사회에 훌륭한 예술가들이 많으면 많을수록 그만큼 매력적이며, 건강한 사회적 자산의 척도를 의미한다.

우리도 K-팝의 주인공이 되자. 유명가수가 아니더라도, 운동선수는 못되더라도, 요정이나 훈남이 아닐지라도, 강한 생명력으로 지구를 들어 올리는 길섶의 풀포기처럼 역동성을 발휘해 보자. 어둠을 박차고 미명을 여는 아침 햇살처럼 우리도 세상의 빛이 되어보자. 마음과 마음을 모아서 사람과 사람 사이를 잇고 서로의 가슴을 흔들며 한 순간만이라도 감동적인 공감의 K-팝이 되자.

> 초록의 굳건한 민주주의 전령들/ 쑥이랑 냉이랑 씀바귀랑 달래랑/ 그대가 봄이로다// 함성과 탄식 온 누리에 쏟아내며/ 생의 감각을 어루만지는 온기여!/ 그대가 봄이로다// 샛노란 햇살 동동 걷어서 내차는/ 우리 동네 골목대장 꼬맹이들아!/ 그대가 봄이로다// 아 맞다 맞다 디지털 TV 영상에서도/ 신세대 K팝이 봄의 등에 뜸을 뜬다/ 그대가 봄이로다 (졸시 : 그대가 봄이로다 전문)

공감의 힘

남아공월드컵축구 열기가 지구촌을 달구는 사이 우리 붉은 악마들은 거리로 쏟아져 나와서 함성을 질렀다. 우리나라 대표 팀은 그리스 전에 2:0 통쾌한 승리 거두고 아르헨티나에게는 4:1 졌지만 지고도 나이지리아와 2:2 비겨서 처음 자력으로 16강에 입성했다. 그러나 8강 문턱에서 강적 우루과이와 대등한 경기를 펼쳤으나 아깝게 2:1 분패하고 말았다.

우리는 울면서 박수를 쳤다. 세계 강호들과 겨루어 우리의 용맹한 모습과 앞으로의 가능성도 확인했기 때문이다. 좋은 경험은 성공의 관문이다. 만약, 우리에게 그때와 같은 경험이 없다면 내일의 희망도 기대할 수 없을 것이다. 우리가 전쟁을 겪었기 때문에 평화를 더욱 절실하게 갈구하는 것처럼 유익하고 훌륭한 경험이 오늘을 이만큼 성장시켰다고 생각한다.

요즘 출산을 기피하는 부부들이 많아서 인구가 감소하고 있다 한다. 이에 정부가 여러 다산정책을 통해서 획기적인 무상복지를 내걸고 있으나 좀체 나아지지 않는 모양이다. 불과 3,40년 전까지도 줄기차게 산아제한을 부르짖더니 이제 와서 많이 낳을수록 국가에 공헌하는 것이라고 한다. 허나, 부모가 된다한들 아기한테 줄만한 좋은 희망이 없다며 이런 저런 낳지 않는 이유를 대지만 요즘 임산부만 보면 감동에 젖는다.

삶의 감동도 일종의 주고 받는 품앗이다. 결혼식과 동창회, 동우회나 친목계 등등... 그리고 집안의 살림살이도 챙기며 관리해야 하므로 공사가 다망한 가운데 위로와 보람을 얻는다. 일상적인 행사 말고도 출판 때마다 많은 지인들로부터 신세를 졌으며 그만큼 부담도 지웠다. 하지만 빚쟁이는 항상 쪼들리는 법. 그것을 갚는데도 허리가 휜다. 빚이란 그냥 퉁 치는 것이 아니라 원금에다 이자를 얹어야 비로소 청산이 되기 때문이다.

인생이 두 번 살 수 있다면 처음보다 훨씬 더 잘 살 것이다. 사람은 자기가 한 일에 대해서 혹은 여태 살아온 삶을 되짚어 보면서 새로운 마음가짐으로 다시금 무장한다. 그렇다. 경험에서 얻어진 힘은 미래를 성장시키는 동력이다. 우리가 살다 보면 힘든 고비를 잘 넘긴 경우가 있을 테고 그렇지 못한 경우도 부지기수지만 그것이 인생살이다.

삶이 우리에게 주는 선물 중에서 가장 우아한 선물은 왕년의 나를 딛고 일어서는 용기를 말한다. 쩨쩨한 인간은 자기가 세상에서 제일 잘났다고 여기는 뻔뻔한 속물인간일진대 혹은 못났거나 가난해서 빈병을 모으고 폐지를 줍는 구부린 그대일지라도 나는 언제나 고운 눈으로 바라볼 것이다. 그리고 도도하지 않고 거만하지도 않은 그대의 삶은 참으로 아름다운 대박이며 황홀한 예술이라고 감히 말하는 바다.

다같이 부자가 되자. 부자가 행복의 전부는 아닐지라도 고용이 늘어나고 장사가 잘 됐으면 좋겠다. 주식에 투자해서 손해 봤다는 사람이 없으면 정말 좋겠다. 올 연말쯤에는 재미 좀 봤다는 사람들과 빌린 돈 다 갚았다고 하는 사람들이랑 기쁨의 공감을 누리며 거나하게 소주를 마시고 싶다.

궤변의 경제

사람들은 욕심을 부리지 않는다고 말하면서도 잉여생산물을 만들기 위하여 혈안이다. 글쎄다. 왠지 살기가 편해졌다는 생각과 불편하다는 생각이 겹쳐진다. 어떤 경우라도 중간을 거치지 않고 단숨에 결승점까지 도달 할 수는 없다. 그런데, 그것이 가능하다고 믿는 사람들이 적잖다는 게 문제다. 이른바 불편한 진실은 정의를 왜곡하고 혼란을 가중시키기 때문이다.

최근에 '땡처리 아파트'가 생겼다고 한다. 아파트 분양이 잘 안 되니까 어느 건설회사가 자금난 때문에 120 세대를 반값으로 땡처리 했다는 것. 그러나 문제는 반값으로 분양을 받은 사람이 계약서를 허위로 작성하여 은행대출보증을 미끼로 재분양 결과 단숨에 200억이나 꿀꺽 했다 한다. 재주는 곰이 부리고 재미는 애먼 놈이 봤다는 것이니 정말로 미치고 환장할 노릇이다.

서울시내 재개발, 재건축 지역이 어림잡아 6백여 곳이라는 말을 들었다. 그래서 해당지역 주민들은 황금알 낳는 땅이라며 기대에 부풀어서 눈부신 마천루를 상상하곤 했다. 그러나 말만 무성했을 뿐 부동산침체 등으로 시행이 흐지부지 늦어지는 바람에 오히려 재산권 행사에 발목이 잡히는 상황이 되고 말았다. 따라서 주민간의 반목과 갈등으로 소송이 되풀이되는 가운데 서울시에서조차 거의 무방비 상황인지라 해당 지역은 사실상 패닉상태에 빠졌다.

이를 정부에서 모를 리 없을 것이다. 부동산활성화대책을 내놓긴 하지만 씨알이 잘 먹히지 않는다. 처음엔 약효가 있는 듯 보이다가 어느 정도 지나면 약발이 떨어져서 도로 그 모양으로 블랙홀 연속이다. 경제란 인정사정이 없다. 이익 되는 쪽이 경제의 불편한 진실이며, 증권시장이나 사채시장에서도 악착같이 버는 놈은 벌고 크는 놈은 큰다. 오늘 이 시간에도 부동산 계약서에 서명하고 웃는 사람과 우는 사람이 있을 것이다.

그래도 되는가. 울고 싶은 참에 누군가로부터 뺨을 맞았다면 그야말로 대성통곡할 충분한 구실일 것이다. 딱 까놓고 말해서 자본주의의 막장을 보는 것 같다. 재주도 능력이라면 능력일 테지만 요지경 세상이 내 속을 뒤집어 놓는다. 요즘 인심이 그렇다. 자기 고뿔도 남에게 안 주는 독한 세상이다. 예전엔 사촌이 논을 사면 배 아프다고 했으나 이제는 형제가 논을 사도 아픈 정도뿐 아니라 죽을 맛이다.

'아들아, 딸아! 장사하지 마라.' 요즘 시중에 나도는 화두다. 장사해서 돈 좀 벌까 싶지만 번번이 밑지기가 일쑤고, 중

권에 희망을 걸어봤자 맨 날 까지고 터진다. 우리나라 소상인들이 느끼는 경제만족도가 바닥수준으로 나타났다. 전국소상인 1천599명을 대상으로 실시한 '경영상황조사'결과 이같이 조사됐다고 한다. 소상공인 10명 중 9명이 현재의 체감경기가 어렵다 느끼고 있으며, 가족이 자기 사업을 승계하는 것을 바라는 소상인은 10명 중 1명뿐으로 암담한 현실을 말해준다.

내 배가 아픈 이유는 끝이 없다. 일부 유명 연예인이나 관료들의 자녀들은 신의 자식들처럼 조기유학은 물론이고 부모님 후광으로 좋은 자리 꿰차고 앉아서 생각한 대로 혹은 마음먹은 대로 상류사회의 고품격 삶을 누리고 있다. 혹여 샘트집이라고 할지도 모르지만 참으로 눈에 가시 같은 괘씸한 부류들 때문에 창자가 뒤튼다고나 할까.

돈이란 첫 숟가락에 배부를 리 없다. 한 푼 두 푼 모아서 목돈이 되고, 목돈은 다시 새끼를 쳐서 재산이 되는 것이다. 우리가 살아가는데 희망이 없으면 사는 게 사는 것이 아니다. 어떻게 사는 것이 잘 사는 거냐는 다소간 차이가 있을 수 있지만 어느 시인의 말처럼 남모르는 불빛 하나 안고 살아가면서 언제 터질지 그 간절함이 삶의 요긴한 버팀목이다.

돈의 맛

세상에 억지가 통하는 뇌(腦)라고 한다. 뇌는 가짜와 진짜를 구분하지 못하기 때문에 억지로 웃더라도 진짜 즐거워서 웃는 것과 똑같은 효과가 있다는 것이다.

돈만큼 교만한 것이 없다. 돈만큼 비굴한 것도 없다. 돈만큼 인간을 맘대로 휘두르고 조롱하는 것도 없다. '사람 낳고 돈 낳지, 돈 낳고 사람 낳느냐'고 하지만 인간의 마음을 가장 잘 흔들어 주는 것이 돈이다. 돈 때문에 웃고 울고, 돈 때문에 살고 죽기도 하며, 가끔씩은 사랑도 사고파는 바람난 창부와 같다.

카- 돈의 맛! 돈의 맛은 매우 감성적이며 그러한 변태야말로 자극적이다. 사실 우리 사회는 빛도 없고 향기도 없는 돈의 맛을 선호하는 조직이며, 사회이기에 돈은 권력과 같다. 무식한 사람도 돈이 생기면 목청부터 달라지고 완장을 두른 것처럼 금시 어깨가 빳빳해진다. 그래서 로또의 꿈은 비확률적이지만 성공의 환각에 빠져 잘난 사람도 돈 앞에 쩨쩨해 보이는 이유다.

돈은 누구나 필요하다. 필요하지만 필요한 만큼이 가장 위력적인 내조의 힘을 발휘할 수가 있다. 예컨대 욕구를 채우는데 지나치게 몰두하면 행복에 미치지 못한다고 한다. 어느 정도 여백을 남기고, 다른 사람의 욕구에도 기여할 때 행복해질 수 있다는 것이다. 돈을 사랑하는 것과 좋아하는 것과는 차이가 있다. 돈이란 우리가 살아가는데 편리한 도구에 불과할 뿐이지 그 이상은 아니다. 어디까지나 우리가 영혼의 매춘부가 돼서는 곤란하다.

돈을 모으고 버는 데서도 돈의 맛이 다르다. 길에서 주운 돈과 땀 흘려서 모은 돈의 가치가 다르듯이 어떤 돈이며, 어떻게 쓰이느냐 따라서 차이가 난다. 일확천금이란 확률적으로 거의 불가능한 일이다. 그런데도 거기에 목을 매는 사람들이 의외로 많은 것은 돈의 가치에 대한 이해가 부족하기 때문이라고 본다. 어떤 경우라도 사람 위에 돈을 놓고서 보면 사람이 왜소해진다는 사실을 간과하지 말아야한다.

돈은 좋아할 만한 가치가 있다. 어디서나 통하고, 어디서나 호의적이며, 누구에나 공감의 대상이기 때문이다. 우리 사회가 돈이 부족해서 빈민이 많은 것은 아니다. 돈의 맛을 제대로 이해하지 못한 데서 오는 불평등분배 때문이다. 정이나 돈이 부족하면 찍어내어 해결이 되겠다 싶지만 돈의 맛이 베푸는 내조의 힘(화폐가치)이 부실(인플레이션)해서 돈을 가마니로 가득이 가져본들 소용없다.

돈은 돌고 도는데서 가치가 생긴다. 정의로운 사회는 평등한 분배로부터 나오며, 돈의 맛 또한 정의로운 사회에서 최고의 절정에 이른다. 세상에는 돈에 깔려서 죽고 싶은 사람들이 더 있지만 우리 모두 돈의 소중함을 잊지 말자. 절약하는 생활도 일종의 돈벌이다. 갖고 싶은 거 다 갖고, 먹고 싶은 거 다 먹다보면 지갑은 노상 비어 있기 마련이다. 그러다가 정작 돈이 필요할 때 후회한들 이미 늦은 것이다. 돈의 쫄깃한 맛은 꼭 필요할 때 필요한 만큼 있을 때다.

돈의 실종

대통령님, 최초의 여성대통령이 되심을 축하합니다. 국민은 대통령으로부터 희망을 얻고 실망도 하면서 삶의 가치를 만들어 간다고 생각합니다. 때문에 우리는 대통령 말씀에 귀를 쫑긋하지 않을 수 없으며, 때로는 모든 빈곤에 대해서 대통령을 향하여 삿대질까지 서슴없이 하는 날도 있습니다. 낮술에 취해서 거리를 방황하는 경우도 생깁니다.

대통령님, 우리도 언제쯤이나 부자로 살 수 있을까요? 서민을 위한 국민행복시대를 만든다 장담하시고 국정좌표를 '희망의 새시대'로 정하셨는데, 요즘 경제는 잘 풀리지 않으면서 물가만 천정부지로 뛰는 바람에 뛰는 만큼 소득과 재산이 반토막 났습니다. 그리하여 참다못해서 알토랑 같은 돈의 실종을 신고하는 바입니다.

사과 한개 4,000원입니다. 우리 아이(손자)가 사과를 먹고 싶다 하기에 동네 과일가게서 고르다가 그만 가격에 놀라 손을 놓고 돌아 왔습니다. 그것이 아니면 이거다 싶어서 사과 대신에 배를 골랐으나 철이 아니라서 포기하고 배(果) 대신 참회를, 참회 대신에 포도를 사려고 했으나 그마저 엄두조차 내지 못했습니다. 요즘처럼 더위가 기승을 부린 날은 수박이 제격이지만 ...

수박 한통이 3만5천 원이면 반품값 거의 맞먹는 가격이라서 웬만한 부유층이 아니고는 사먹기가 쉽지 않습니다. 하여, 2등분 혹은 4등분해서 파는 경우가 있으며, 더러는 6등분까지 쪼개어 팔기도 합니다. 어디 오른 것이 과일 뿐이겠습니까? 산돼지는 폭락했는데 고기값은 하늘 높은 줄도 모르고, 생선은 물론 심지어 콩나물 푸성귀까지 오른 것이 하도 많아서 말씀 드리기가 숨이 벅찰 지경입니다.

물가고를 잡아 주십시오. 이런 저런 이유야 있지만 물가고는 공공의 적입니다. 말로 해서 안 되면 몽둥이로 쳐서라도 잡아 주십시오. 잡아다가 다시는 우리 사회에 발붙이지 못하도록 돌아올 수 없는 외지로 유배를 시키시든지 통치권한으로 모든 이들에게 물가고로부터 해방을 시켜 주십시오. 물가고는 생활고와 직결된 문제이므로 원성의 빌미가 됩니다.

경제가 불황이면 문화적 건강이 부실할 수밖에 없다고 생각합니다. 따라서 문화의 기근 속에 낭만이 사라지고 거짓과 폭력이 난무해집니다. 요즘 거만한 세력들이 세상을 바꾼다고 하는데, 소득의 격차가 두드러지면서 빈부가 생기고 서민들의 가계가 줄어드니까 소비시장마저 얼어붙는 바람에 영세 상인들은 대통령님을 원망하며 홧술까지 마시게 된다고 합니다.

대통령님께서 나를 술 마시게 하는 것도 유죄라고 봅니다. 국민에게 한 약속이 거짓일 경우 왜 죄가 되지 않겠습니까?. 역대 대통령들은 지상의 천국을 만들어 놓겠다고 호언장담을 했습니다. 그리고 자기만이 능력 있고 가능하다고 했습니다. 하지만 절망과 아픔을 남긴 채 권자에서 떠나는 비운의 주인공이 되곤 하였습니다.

대통령님, 70 나이임에도 들뜬 기분으로 살고 싶습니다. 무슨 일이든 해서 새로운 문화를 향유하며 나이 든 아내를 기쁘게 해주고 싶습니다. 그토록 먹고 싶어 하는 손자 놈에게 맛있는 사과도 사주고 싶습니다. 부디 경제의 눈물을 거두어 주십시오. 모든 사람들이 바라는 것은 눈물이 아니라 경제의 미소입니다. 일한 만큼 경제적 가치가 올바른 삶과 깨끗한 영혼의 양식이 되도록 선정을 기대하겠습니다.

복일쾌담(伏日快談)

너부러진 과자봉지 사이 맥주병과 소주병이 삐딱하게 눕거나 물구나무서서 궁둥이만 보인다. 콜라와 사이다 수박과 참외는 느린 유속의 개울 속에서 서로 몸을 기댄 채로 잠수 중이다.

技三運七이라고 했던가. 기술이 3이고 운이 7이라는 뜻이다. 친구 몇과 서울 근교 개울가에 자리 잡고 앉아서 화투 패를 돌린다. 음식이 준비되는 동안 그새를 못 참아 벌어진 판인데, 별 기술도 없는 내가 운이 통한 탓인지 내리 선을 잡고 돈까지 수북해졌다.

허, 근데 이럴 수가… 초장 끗발 개 끗발 됐다. 얼마 안 가 지갑이 바닥나고 아내의 눈치만 살피는 처지가 됐다. 집에서 같으면 난 곤란한 처지에 놓이게 됐을 것이다. 그런데도 아내가 알다 모를 미소까지 지으며 묻지마 투자로 버티기 승부수를 띄운다. 마치 열녀의 몸부림 같은 것. 그러나 그래봤자 밑 빠진 독이다. 아내의 파이팅에 명운을 걸고 Go 해보지만 번번이 박까지 쓰고 거덜 날 지경이 됐다.

기분이 썩 좋을 리 없다. 아내가 닭고기 날개를 보기 민망할 정도로 오도독 깨물어서 삼킨다. 아마 운이 따라주지 않은 것에 속이 상했던 모양이다. 근데 아까부터 가만 지켜보던 철이 아빠가 슬슬 농을 친다.

'제수씨, 약 된통 오르죠? 난 기분 좋습니다. 이렇게 많은 돈 첨 땄거든요! 자, 기분 바라시(정리) 하겠습니다. 술 한 잔 가득 부어 주십쇼. 이 돈 개평으로 다 드리겠습니다. ㅎㅎㅎ'

야유회란 그렇다. 점잔만 빼거나 교양 있는 말투로 지식을 검색하는 놀이가 아니다. 그래서 그런지 어느새 일행들이 원초적 본능에 빠졌다. 평소 같으면 반듯한 자세로 위엄을 보이던 근이 아빠가 맨 먼저 웃통을 벗는다. 자연 말투가 걸걸해지면서 겁도 없이 팬티만 걸친 친구도 있었다. 그리하여 근이 아빠 알통과 P씨 장딴지가 야한 '거시기' 이야기의 진원지가 됐다.

남자들은 만나면 군대 이야기 아니면 여자와 술 얘기가 전부라고 해도 과언 아니다. 그래서인지 오늘도 누군가가 근이 아빠 알통을 보고 부럽다고 말하자 p씨가 자기 장딴지를 더 높이 치켜 올리고 넌지시 시샘을 보인 것이다. 나도 내 코의 장점을 살려서 얼렁뚱땅 좌중을 웃겼다. "코가 크면 뿌리(?)도 크다는 거 다들 알고 있지? 어디 내 코보다 더 큰 사람 있으면 나와 봐!"

그렇게 웃고 떠드는 사이 소나기가 융단처럼 낮은 자세로

펴붓고 지나간다. 주거니 받거니 그제야 소주 빈병이 내리막 저 아래로 내던져 지고, 던져진 빈병들이 구르는 그사이 남정네의 인생은 서글퍼진다.

내가 소주 한잔 먹었다고 하는 말이 아니네. 내 어깨가 무거운 것은 장남이기 때문이지, 내 자식들도 자식이지만 아버지와 어머니를 먹여 살려야 하고, 동생들까지 돌봐야할 처지다 보니 정말 힘이 든다니까. 솔직히 말해서 마누라 보기 미안해 죽겠어. 우리 마누라 알고 보면 참 불쌍한 여자거든! 자, 술 한 잔 더 줘! (p)

형, 사는 게 다 그렇고 그럽디다. 사실은 나도 힘들어요. 조직생활이 결코 만만치 않아요. 밑에서 자꾸 치고 올라오죠, 상사 눈치 봐야죠, 몸이 예전처럼 따라주지는 않고 일만 쌓이죠. 솔직히 관두고 싶은 생각이 왜 없겠습니까. 식구들 때문에 그냥 꾹 눌러 사는 거죠 뭐! (철이 아빠)

왜들 이래? 왠 궁상들이냐고? 놀러 왔으면 신나게 놀다 가야지. 모처럼 만나서 이러다 갈 거야? 얼른 이거나 들어! 여름 보양식으론 삼계탕이 최고거든! 그리고 쭉 잔 돌리고 한 곡조 읊어 봐! (근이 아빠)

뽕짝이 흔들리기 시작한다. 하지만 나는 나의 18곡조차 없다. 왜냐면, 나의 유일한 애창곡이 '인생(김성근)'인데 앞에서 k가 먼저 불렀기 때문이다. 그래서 난 되지도 않는 기차 춤(칙칙폭폭)으로 어영부영 위기를 모면했다. 어쨌거나 사람들 마음을 하나로 묶는 데는 노래와 춤을 당할 장사가 없다. 그것이 국민가요건 막춤이건 혹은 관광춤일지라도 열창과 신명으로 아수라장 같은 라이브 콘서트를 연출한다.

몸이야 비록 예전만 못해도 마음은 20대 아이돌 부럽지 않은 청춘불패다. 왕창 그런 광풍이 지나고 고요가 산문을 가로막는다. 아내가 또 과거를 생각하는 모양이다. 늘 그러하듯이 아내는 과거를 생각하면 할수록 우울해 하고, 반대로 난 생각할수록 자꾸 웃음이 난다. 미안하다. 함께 살면서 아내의 과거는 눈물이고 나의 과거가 낭만이었다면 그야말로 잘못 살아온 극명한 대조라고 볼 수 있을 것이다.

아내여, 이 삼복에도 바다는 마르지 않는다. 그 푸른 바다에 고래가 먼 길을 유영하는 것은 꼭 꿈의 낭만 때문만은 아니겠지. 우리와 같은 고민과 아픔도 있을 것이나 단지 고래는 꿈을 포기하지 않는 거뿐이다. 우린 앞으로 더 살아야 한다. 죽는 날까지 당신을 위해 무얼 할까 생각하며 살겠다. 한 끼니 포식은 3일 넘기기 어렵지만 한 톨의 위로는 오랜 행복으로 남는다는 걸 안다. 더는 아파하지 말자. 우리 만남의 백년을 위해서 꼭 건강 지키자.

불개미 공습

불개미와 전쟁이 벌어졌다. 그동안 종종 벌어지던 일이긴 하지만 작심을 하고 살상용 약품으로 박멸에 나섰던 것이다. 그러나 그놈들 또한 쉽게 물러설 놈들이 아니다. 이쪽 막으면 저쪽, 저쪽 막으면 이쪽, 사방팔방 저지선마다 뚫고 식탁을 향하여 우글우글 떼로 지어 막무가내다. 인해전술이라고나 할까. 긴 성처럼 도무지 끝이 없다. 느릿느릿 걷는 법도 없다. 전차부대가 돌격하듯 어떤 경우든 물러서지 않고 처음부터 냅다 뛰면서 달려든다.

불개미는 혐오의 짐승이다. 그것들은 백해무익한 존재로써 도발에 대한 응징의 대상일 수밖에 없다. 그래서 기를 쓰고 각축전을 벌이는 상황이지만 그때마다 전략적 패인에 대한 병법을 생각하곤 한다. 이른바, 필승 전략은 적을 괴멸시키고 영토를 잘 지키는 일이다. 그런데도 나는 물대포를 쏘듯 번번이 스프레이로 칙칙 퍼부어 일진일퇴만 되풀이 했던 것이다.

최근 북한에서 장거리미사일 실험에 성공했다. 더구나 2차 핵실험까지 강행해서 비핵화를 염원하는 평화주의자들의 분노를 사고 있다. 하여간에 어리석은 짓이다. 만약 그들이 서울에다 정조준 발사한대도 우리만 다치는 것이 아니라 그들의 평양도 살아남지 못하기 때문이다. 그것이 첨단무기의 한계다. 더구나 불개미란 놈들은 번식률이 강해서 여왕의 목을 처단하기 전에는 애꿎은 졸개들만 아무리 잡아 죽인들 소탕은 어려운 상황이다.

혹여, 불개미뿐만 아닐 것이다. 전쟁터 같은 경쟁사회에서 수많은 도전과 역습을 막아내고 살자면 지혜와 성실한 태도가 필요하다. 불개미들은 여왕에게 바치기 위하여 슬퍼할 겨를도 없이 충성심을 보이며 부지런히 식량을 나른다. 우리도 그러한 불개미들의 성실성과 충성심을 본받아 사회적 발전에 필요한 공동체 정신을 도모해야 우리의 미래를 기대할 수 있다고 본다.

누구나 자유를 원하고 행복을 추구한다. 그러나 모두가 평화 안에서 가능한 일이다. 비단 사람들만 그러지 안을 것이다. 이 지구상의 모든 생명체들은 위협으로부터 두려움을 느끼며 본능적으로 방어태세를 갖춘다. 더할 나위 없이 평화는 인류의 가장 높은 덕목이요, 자유와 행복은 나누어 갖는 것이 아니라 함께 누리는 것이다.

나에게도 행운이 올지 모르겠다. 나이 때문에, 혹여 혈압 때문에 애국의 반열에 끼지 못한다면 유감이 아닐 수 없다. 그동안 창고에서 잠자던 책이라도 잘 팔려 베스트 작가가 되던지 주식이 껑충 뛰어서 그동안 손해가 봉창이 된다면 금상

첨하일 것이다. 그리고 불개미와 전쟁 종식을 선포하는 날이 언제가 될지 두고 볼 일이다.

한 해의 시작은 언제나 설렌다. 또 한 해가 가고 다시 새로운 새해다. 작년에는 4월 총선(19대)과 12월의 대선(18대) 열풍으로 수세미 같은 혼란 속에 말도 많고 탈도 많았다. 다 민생을 위해서라지만 따지고 보면 자기 자신의 명예와 권력을 위한 꼼수쟁이들의 노이즈마케팅이었다.

금년은 새로운 시대의 원년이 됐으면 좋겠다. 부자의 주머니를 털어서 가난한 사람들에게 나눠주는 복지가 아니라 가난한 사람도 부자 될 수 있는 희망과 일자리가 보장되기를 기대해 본다. 복지란 돈 몇 푼 던져주는 공짜가 아니다. 일하고자 하는 사람에게 일자리를 만들어 주는 것이며, 희망이 실현되도록 충분히 도와주는 것이다.

불륜의 내조

참말로 희한하다. 키스 방이 성업 중이란 말은 들어봤어도 '귀청소방'이 있다고 하는 소문은 금시 처음이다. 밀폐된 공간에서 젊은 여성이 미니스커트를 입고 서비스한다 하는데, 필시 신종 퇴폐업소 아닌지 미심쩍다. 아무튼지 '전화방' '대화방' '키스 방' 이젠 '귀청소방'까지 생겼으니 세상은 요지경이다.

요즘 불륜을 내조하는 무드가 도처에서 극성을 부리며 성행하고 있다. 서울 한 복판보다 변두리 모텔은 낮이나 밤이나 부적절한 관계의 당사자들로 재미가 쏠쏠하다고 한다. 다시 말해서, 도무지 사람이 모여들 곳이 아닌 곳에 은밀한 사람들이 꾀어들어 유배지 같은 오지의 경제는 살아가고 있다는 것이다.

고양이가 생선을 먹지 못하면 시력을 잃는다고 한다. 쥐와 생선에 '타우틴'이란 성분이 많아서 고양이는 쥐나 생선을 꼭 먹어야 한다는 거다. 사람도 마찬가지 아니겠는가. 돈만 알아서 요망지게 살아도 제대로 산다 할 수 없듯이 본능에 충

실하려는 성욕을 짓누르다 보면 감성적 변태가 생길 수밖에,

하여간, 나도 속물이다. 새로 생겼다는 '귀청소방' 한 번 가서 경험하고 싶은 생각이 문뜩 든다. 여태 PC방조차 가본 일이 없는 숙맥이지만 왠지 오늘 따라 그런 망측한 생각을 갖게 되는지 나도 모를 일이다. 근데, 사실은 나에게도 은밀한 변명의 핑계거리가 없는 것이 아니다. 이름 하여 청춘의 전유물인 '야동(야한 동영상)'이라는 것. 그것이 나의 불륜을 내조하는 유일한 도우미다.

내 친구 중에 상남자가 있다. 핸섬하고 부드러운 강한남자, 여성들의 로망인 나쁜남자다. 우리가 서로 인터넷 정보문화를 공유하면서 곁가지로 이따금 은밀한 야동을 받아보곤 한다. 새로운 것에 대한 호기심 때문이라고나 할까. 가슴에 숨겨둔 황홀한 비밀을 꺼내서 보듯 우리는 아무런 죄의식조차 없이 불문율의 바람을 피웠던 것이다. 난 오늘 친구에게 e-메일을 보냈다.

어히,

이제 그만...

꼬리가 길면 잡혀!

보슬비가 붙잡고 얘기 좀 하잔다. 이런 날은 술이나 따르며 여자 얘기가 제격인데 부적절한 성에 관한 죄목이 워낙 무거운지라 혹여 비린 것이 아니더라도 원조교제는 꿈조차 꾸지 못한다. 다른 사람들이 그대는 고전박물관 밀랍인형이네 그러지만 따지고 들자면 내 눈이 높은 게 아니라

내 키가 낮은 것이다.

속물은 별 수가 없나보다. 핫팬티 입은 여자들을 은근슬쩍 요상이 보는 습관이 생겼다. 섹시美가 대세라고 하긴 하지만 터놓고 보기엔 부담이 돼서 야동을 보듯이 가슴 졸이면서 보게 된다. 그러다보니 내가 이상한 족속 아닌가 하는 생각도 하고 그조차 볼 수 없다면 무슨 재미로 살까 싶은 위안도 받는다.

나 남자다. 아주 가끔 일이지만 누가 내 옆에 와서 바라 봐 준다면 참 좋겠다고 상상한다. 미소를 머금은 만약에 그 여자가 나를 오빠라고 불러주면서 나랑 사귈래?

한다면 ...

미치고
환장할 거 같다. (졸시 : 남자의 누드 전문)

꽃(花)을 던지다(鬪)

20년쯤 된다. 내가 미국을 모두 세 번을 방문했는데 마지막 때다. LA에서 이틀을 지내고 삼일 째 되는 날 국내선 비행기를 타고 도박의 도시 라스베이거스에 도착했다. 도착해서 우리 식으로 말하면 여인숙 정도나 되는 아주 저렴한 모텔을 정해 놓고 나는 100불, 지인은 200불을 밑천으로 삼아 블랙잭이란 걸 하게 됐다. 블랙잭은 왕초보도 할 수 있는 카드게임이라고 하여 덤벼봤는데 화투 패 짓고땡과 비슷하다.

선무당이 사람 잡는다 했던가. 우리가 운이 좋았던지 딜러(Dealer)와 실랑이를 벌린 끝에 내가 100불을 따고, 지인은 150불을 땄다. 우리가 라스베이거스도박판에서 돈을 따다니? 이는 하늘이 곡할 노릇이다. 이튿날 새벽 우린 ㅋㅋ 웃으면서 나왔다. 그러나 우리가 돈을 딴 것은 재수도 아니고 실력도 아니며 그냥 우연일 뿐이다.

실면시 남자가 가장 경계해야 할 덕목이 '술, 여자, 도박'이라고 한다. 대개는 '술 없이 어떻게 사나?' '여자 없이 무슨 재미로 살지?' 아니면 '도박이 인생대역전의 창구'라고 생각한다. 하지만 불안한 결과를 의심하면서도 자칫 빠져들기 일쑤며 패가망신을 자초하기도 한다.

노름판에서 패(牌)를 쥔 사람이 물주다. 물주가 판에서 동시에 여러 사람을 상대할 수 있으므로 그만큼 유리하다. 하지만 패를 잡았다한들 기술자한테는 당할 재간이 없다. 조작된 승률에 따라서 이미 승패가 정해져 상대가 일부러 져주지 않는다면 도저히 이길 수 없는 게임이기 때문이다. 일단 발을 들여 놓으면 이길 듯, 딸 듯 하는 심리적 전술에 말려들어서 패가망신하는 이유가 된다.

알뜰하고 순박하기만 하던 가정주부들이 순간의 꼬임에 악성도박꾼이 돼서 쇠고랑을 차는 모습이 TV에 비친다. 유명 개그맨 H씨, 가수출신 S씨는 해외원정도박까지 하는 바람에 돈과 명예를 잃고 빚도 졌다. 잘 나가는가 싶던 탤런트 Y씨 또한 부모로부터 물려받은 165억대 빌딩을 날려 보내고 잠시나마 노숙신세가 돼서 빛나는 인생과 가문을 깡그리 망쳐버렸다.

카지노게임은 스포츠가 아니다. 카드놀이도 돈을 걸고서 하는 동안은 심심풀이가 아니다. 두뇌와 감성을 도와주는 운동이 아니라 말초신경을 뒤흔드는 중독성 도구일 뿐이다. 친목을 도모하기는커녕 노름판에서는 첫째가 '안면몰수'요, 두 번째는 '현금 확보'다. 그래서 부자지간에도 냉혹해지고 형제간도 끗발 앞에서는 양보가 없다. 가장 현명한 방법은 기웃대지 않는 것이 상책이다.

때가 묻지 않은 사람이란 도박의 유혹에 빠져본 적이 없는 사람을 말한다. 그리고 세상에서 가장 용감한 사람은 그런 유혹으로부터 뿌리칠 수 있는 사람이 아닐까 한다. 대단한 용기가 아니고서는 그런 용단을 내리기란 쉽지 않기 때문이다. 다행히 나도 그런 면에서는 냉혹한 편이다. 웬만한 놀이는 조금씩 해보긴 해봤으나 어느 정도에서 단호히 절교하거나 요행을 크게 바라지도 않았다.

내가 가장 싫어하는 말은 '동기가 누군데...?'다. 얼른 들어서는 칭찬 같지만 과찬이며, 설사 고의가 아니라 하더라도 비웃음처럼 들리기 때문에 나는 싫다. 그런데도 친구나 지인들이 말하기를, '동기는 똑똑하고 영리해서 남들한테 속거나 당하지도 않을 거라'고 말한다. 하지만 그러면서도 그들은 되레 내심으로는 나를 경계하며 거리를 두고 기피하는 경향을 보인다.

참으로 억울한 일이다. 나는 지금까지 사람을 악의적으로 이용해본 일이 없으며, 70 평생 동안 수태 당기만 했을 뿐이다. 상대방에게 안심을 주기 위해서 양보하고 양보만 하다 보니까 아무 실속이 없는 처지가 됐다고 봐야한다. 오히려 그들은 나를 앞장 세워서 어려움을 해결하려는 전략적 도구나 무기로 이용하는 잔머리기술자들이다.

그렇다고 누구를 탓하랴. 괘씸하고 억울하지만 탓할 생각은 없다. 내 주위에는 진심으로 나를 인정해 주며 가슴 들뜨게 하는 괜찮은 친구들도 있기 때문이다. 산다는 것이 그렇다. 예기치 않았던 일이 삶을 자극하는 경우가 바로 우리들의 일상 중에서 생긴다. 별 거 아닌 듯싶으나 특별하고, 특별한 거 같으나 별 것도 아닌 거가 우리네 삶이다.

패를 거머잡았다 해서 세상을 다 얻은 것은 아니다. 도박판에서 딴 돈은 일시적인 기쁨이 될 수는 있을지 몰라도 웃는 게 웃는 게 아닌 것처럼 특별한 삶의 축제가 아니다. 비록 패는 놓쳤으나, 혹여 그로 인해서 경제적인 손실이 생겼을지라도 희망과 용기가 남아 있다면 그것만으로도 충분히 만회할 수 있다고 확신하는 바다.

산과 들에서는 꽃이 계절마다 피고 진다. 지금도 피는 꽃이 있는가 하면, 뚝뚝 지는 꽃들도 있을 것이다. 그래서 세상은 이따금 실망도 하지만 눈이 분주히 호사를 누리며 감동에 젖는다. 우리 가난하게 살게 되더라도 꽃(花)을 함부로 던지지(鬪) 말자.

6월 담장
살금살금 타고
넘어 간다

시도
때도 없이
쥐나 케나 립스틱 짙게 바르고(바람난 꽃 :1-장미)

용전의 효과(用錢의 效果)

조선 효종 때 처음 대동법(大同法)이 실시 됐다. 대동법이란, 지방의 특산물이나 수공업 제품을 현물로 바치던 공납제가 여러 가지 폐단이 발생하자 대신 쌀로 공출하는 것을 말하는 바, 이 과정에서조차 갖가지 비리가 만연했던 것이다.

정경유착은 어제 오늘의 일이 아니다. 오래 전부터 뿌리가 깊은 악성고리이며 먹이사슬이다. 요즘 대기업 총수들이 비자금 문제로 사시나무 떨듯 떨고 있다. 그들은 정치판과 나란히 부패사회의 주역이 되고 고질적인 관행처럼 공직자비리가 만만치 않다. 하여, 역대 대통령마다 부정부패를 일소하고 척결하겠다고 장담하곤 했지만 칼을 쥔 그분들마저도 도마위에 서서 호된 질타의 대상이 되곤 했다.

용전의 효과(用錢效果)란 말이 있다. 상대가 100만원을 생각하는데 50만원만 주면 서운하게 느껴서 효과가 없고, 200만원을 주면 부담스러워 받지 않으니 그 또한 효과가 없다. 그래서 용전의 효과는 로비자금의 적정성을 의미하는 말이다. 불문율이긴 하나 성공의 큰 열쇠는 여기에 달렸다고 봐야한다. 어떤 일에 얼마를 줘야 가능한가가 문제이기 때문이다.

우리 사회는 돈을 뿌릴 줄 아는 귀재들이 너무 많다. 정치와 경제가 부적절한 관계로 먹이사슬이 돼서 불가능을 가능케 하고, 서둘지 않아도 되는 일도 빨리빨리 효과가 직방으로 통한다. 돈 없고 빽이 없으면 패배자로 수모를 당하기 십상이다. 줄을 잘 서야만 그나마 일이 잘 풀리는 꼼수사회가 우리 사회의 요지경 모습이다.

그렇다면, 정직은 무죈가. 한마디로 아니다. 세상에는 불편한 진실이 존재한다. 사회의 균형과 공평을 위해서는 제도가 필요하지만 그것이 만능일 수가 없기 때문이다. 가령, 종교가 지향하는 사회적 규칙이 완벽할수록 또 다른 불만이 생기고 발전의 속도가 떨어지며 생활의 효율성도 저하된다. 다시 말해서, 맑고 바른 사회적 완성도는 그만큼 구원의 대상이 없어지게 되므로 인류도 그에 따라서 진보하지 못한다는 말이다.

우리는 완성을 지향하지만 미학도 중시한다. 때문에 필요악의 존재를 인정하는 것이다. 언젠가 들은 얘긴데, 민주주의는 100%가 아니라 80%다. 나머지 20%는 필요악으로써 관용의 대상이다. 아무리 좋은 사회라도 너무 정직하면 사는데 빡빡하고 사소한 것조차 필요할 때 당장 할 수 없게 되는 경우가 많다. 하지만 우리 사회는 권위적 지위를 활용하는 용전의 효과가 지나칠 정도여서 병이라도 생길 지경이 문제다.

우리는 자성해야 한다. 정의로운 사회를 위하여 기도해야

한다. 그리고 다시 시작해야 한다. 세상은 넓고 할 일도 많다.(김우중) 시련은 있어도 실패는 없다.(정주영) 한마디로 이러한 말들은 우리가 새겨들어야할 금언이다. 할 일은 태산인데 연장만을 탓하거나 해보지도 않고 미리서 실패할 것을 두려워한다면 정직한 일꾼의 태도라고 볼 수 없다.

봇장은 하나의 허황된 투기일 뿐이다. 첫 숟가락에 배가 부를 리 없다. 돈이란 한 푼 두 푼이 모아서 목돈 되고, 목돈이 새끼를 쳐서 재산이 된다. 지금의 내 모습은 내가 어떻게 살았는가를 말해 준다. 아주 청빈하지 않더라도 구정물이 돼서는 곤란하다. 부자로 살거나 혹은 가난하게 살더라도 욕되지 않게 똑바로 잘 살아 보자.

똥(줄이고 줄여서 줄인 것)

산다는 것은 배설물을 만들어내는 것이다. 우리가 아옹다옹 사는 것도 따지고 보면 좋은 똥을 만들어내기 위한 투쟁이며, 이로 인한 인간의 가장 모순된 행동은 자기가 싸놓은 배설물을 보고 코를 막거나 피하는 행위라고 본다. 이는 자기를 부정하는 이율배반적이기 때문이다. 삶의 가장 아름다운 덕목 중에서 훌륭한 생활이란 좋은 음식 잘 소화시키고 탈 없이 싸는 것이다.

에디슨이 전구를 만들기 위해서 147번이나 실패를 거듭했다 한다. 라이트 형제는 비행기를 만드는데 무려 805회나 실패한 후에 성공할 수 있었다고 하니 조금은 어렴으로나마 삶의 깊이를 이해하게 된다. 성공이란 그토록 사람의 뇌를 혹사시킨다. 적당히 봐주는 법 없이 한 치도 양보하지 않는다. 그래서 모든 사람들은 중도에 삐틀어지거나 포기하거나 아예 처음부터 생각을 달리하는 경향이 태반이다.

쌀은 한문으로 米(미)다. 건강한 쌀 한 톨 생산하는데 88번의 손길이 필요하다는 의미라고 한다. 지금까지 갈고 닦아서 청와대대변인이 되었다면 출세했다고 봐야할 것이다. 그런데, 평생 쌓은 공든 탑이 사소한 실수로 도로아마타불이 되는 경우가 생긴다면 그야말로 미치고 환장할 일이다. 요즘 장안에 파다하게 퍼지는 웃음거리가 성추행파문이다. 경우에 따라서는 사랑도 죄가 되고 불륜은 더할 나위 없는 법, 법률적으로 경범죄에 해당하긴 하나 성희롱이야말로 얼빠진 바보들이 하는 대죄다. 아름다운 자존심을 모독하는 짓이며, 자신에게 ×칠하는 등신 같은 행위이기 때문이다.

朴대통령이 취임 후 처음으로 미국을 방문했다. 방문해서 오바마 대통령과 정상회담을 앞둔 시점에 청와대홍보수석실 대변인이라 하는 자(尹)가 새벽까지 술 마시고 호텔방에서 나이어린 인턴(통역)을 불러들여 노팬티바람으로 선정적인 모습을 보였다는 것. 그는 전직 기자였으며, 대통령인수위 때 대변인으로 발탁이 돼서 정부 출범 전부터 말도 많고 탈도 많았으나 아니 다를까, 이번 성추문으로 고위직 관복을 벗었다.

아깝다! 아무나 올라설 수 없는 선망의 자리에서 추풍낙엽처럼 떨어져 조롱의 대상이 되고 말았다. 한 순간의 실수로 인해서 대통령이 대국민 사과를 하는 등 결과적으로 대통령과 現정부에 먹칠을 하고 자기 얼굴에도 ×칠하고 말았으니 이게 어디 보통 일이라 하겠는가. 앞으로 애국시민으로 살겠다 하지만 국정이 흔들릴까 유감이 아닐 수 없다.

슬프다! 줄이고 줄여서 줄인 것, 그것은 똥일 뿐이다. 尹선생, 똥도 나름이다. 아무리 허물을 축소하고 덮는다 해도 죄는 남는다. 변명 따위로 더는 봄을 흔들지 마라. 꽃다운 아가씨들의 한창 피는 순정을 희롱하지 마라. 그들의 맑고 순수한 영혼을 모독하지 마라. 장래가 총망한 밝은 가슴에 어둠의 장막을 드리우지 말고 손톱만큼이라도 상처를 내지 마라.

어서 석고대죄 하라. 그만한 자녀를 둔 부모나 어르신들은 심기가 불편해서 머리에 테를 매고 누워계신다. 尹선생, 어디에 숨어 계신가? 그대에게 짧은 시 한 수 보냅니다.

내려갈 때 보았네
올라갈 때 보지 못한 그 꽃

(고은 : 그 꽃 전문)

벽

용기와 희망은 개인의 영광뿐만 아니라 나아가서 국운의 에너지다. 국가는 국민의 희망으로부터 생기기 때문이고, 그 희망은 개인의 용기로부터 구현되기 때문이다. 사람은 단지 먹기 위해서만 살지 않는다. 자신만을 위해서 살기보다 주어진 일에 알록달록 의미를 부여하고 명쾌한 답을 얻으려 한다. 우리가 일을 하는 것은 먹고 사는 것도 사는 것이지만 다른 사람들에게 도움이 되는 그 보람을 통해서 얻는 성취감 때문이다.

18대 대통령선거 때다. 김영삼 前대통령(14대)은 여당후보를 지지선언 했고, 차남인 현철씨는 야당을 지지하고 나섰다. 그만큼 정치적 신념이란 부자간에도 이해관계에 따라 다르다는 것을 알 수 있다. 하물며, 급변하는 사회에서 이념적 갈등이 클 수밖에, 선거분위기가 과열되면서 2,30대와 5,60대 벽이 생겼다. 투표결과가 보수성향의 5,60대 완승으로 나타나자 진보성향의 2,30대 세대들이 뿔이 났던지 일부 그들은 더 나은 미래의 효심(복지)을 거절했다며 '노인무임승차'를 폐지

하라고 나섰다.

이는 반사회적인 효심의 역습이라고 봐야한다. 빈부 격차에서 생기는 불편과 부당함이 삶의 의욕을 저하시키고 일자리 불안으로 청년들의 애국심이 이완되는 등 시급한 민생문제와 세대 간의 통합이 어서 풀어야 하는 숙제다. 가난 앞에서는 양반이 따로 없다. 학력과 명예도 소용없다. 젊은이들의 꿈을 위해서 일자리 창출과 고용안정으로 그들의 고뇌와 아픔을 이해하고 보듬어야한다.

미래는 항상 기대하도록 희망으로 포장되어 있다. 우리가 악착같이 살아야하는 충분한 이유다. 성공과 실패, 혹은 행복과 불행이 극명하게 대비되는 양자 중에서 선택적 암시가 악착같이 살도록 한다. 바보가 아닌 바에야 누구나 오래 살기를 바라고, 남보다 더 유명해지기를 기대하지만 너나없이 상대적 빈곤이나 열등감 때문에 지역 사이, 계층 사이, 세대 사이에 벽이 생긴 것이다.

삶은 가치를 창출하는데 의미가 있다. 혹은 그대가 서울大 나와서 장관을 지낸다고 한들 막말로 따지자면 나에게 무슨 상관인가. 그러나 사람들은 당신에게 줄을 설 것이 뻔하며, 나는 주목 받지 못하고 외톨이가 되어 있을 것이다. 그리고 죽은 후에도 사람들은 당신의 업적이나 인간성에 관해서 오래토록 흥미롭게 이야기 하겠지만, 나는 겨우 호적에 빨강 사선 하나를 그어주는 것이 고작이다. 그것이 현실이다.

불통은 모종의 음모를 암시한다. 우리 사회에 벽이 생기면 생긴 만큼 삶이 어둠에 묻히게 된다. 밝고 명랑한 생활이 바로 소통의 통로이며, 모든 불만과 불안의 방패막이다. 한마디로 소통은 공유하는 바가 있어야 가능하므로 더는 불공정이 없어야한다. 모든 격차도 좁혀져야한다. 똑 같이 잘 살지는 못하더라도 정의로운 사회가 서운한 감정과 눈물을 씻어준다. 힘 있는 자는 힘이 없는 자의 어깨가 되어주고, 따뜻한 마음으로 이 땅이 설움에 젖지 않도록 해야 한다.

반항과 가출
가출과 반항을 반복하며
지상에서 내려준 어부의 빛 부신 밧줄이
천상의 길인 줄만 알아서
동경을 하였으나 돌이킬 수 없었다

사람들은 거친 세상이 싫다고
더러는 사랑하며 더러는 이별에 울다가
도무지 깊이도 모르면서 바다를 향하여 투신한다
가도 가도 닿지 않는 곳, 닿지 않아도 가야만 하기에

(졸시 : 망둥어 전문)

톡 까놓고 말해서...

돈이 웬수다. 돈이 없어서 호랑이그림만 봐도 겁부터 덜컹 난다. 세상이 나를 웃긴다. 함부로 내 속을 박박 긁어댄다. 해 볼 테면 하라 해도 뭇매를 맞다보면 부아가 치밀어서 속으론 이놈의 세상! 쌍욕이 나온다.

그렇다고 술로 혹은 욕으로 세상을 대할 순 없다. 미학은 가난 속에도 존재하기 때문이다. 우리가 하루 이틀 밥을 먹지 않아도 죽지는 않는다. 하지만 마음에 품었던 단 한 번의 기회를 놓치면 죽을 때까지 후회하는 인생이 될 수가 있다. 행복의 벼랑에는 언제나 절망이 도사리고 있기에 굶는 것도 문제가 되지만 정신적 부실이 더 문제다.

우리가 안고 있는 고민 중에 가장 행복한 고민은 경제적 궁핍이라고 한다. 돈은 벌면 되는 것이고, 돈을 벌기 위해서는 열심히 일하면 충분히 가능한 일이기 때문이다. 그러나 아무리 애를 써 봐도 방법을 모르거나 기술이 부족하면 그만큼 더디고 고생바가지다. 어두운 곳에서 진주를 찾기가 어려운 것처럼 모르면 세상이 컴컴할 수밖에,

행복이란 생각하기 나름이다. 모든 것은 때가 있지만 좀 늦긴 했어도 관심 분야를 파고들면 들수록 극복할 수 있다고 본다. 모른다는 핑계로 우두커니 앉아 있기보다 좋은 기회로 삼아 열심히 배우고 익혀서 도전하면 중증저능아 아닌 이상 소기의 목적은 달성할 수 있지 않을까.

술이나 욕은 자학이다. 우리네 인생 60부터 시작을 해도 3,40년은 능히 산다고 봐야한다. 그런데도 허구한 날 술로 정신건강을 해치고 몸을 망치면서까지 욕으로 분통을 터트리는 것을 위안이나 현실도피의 수단으로 삼는다면 그야말로 절망을 자초하는 이적행위일 뿐이다.

세상에서 가장 어리석은 극빈자는 희망이 없는 사람이다. 희망이 없는 사람은 믿을 만한 사람이 못되고 미래를 기대하기도 어렵다. 어떤 경우라도 희망과 용기를 잃지 않아야 약속의 대상이 된다. 늙은 사람 현찰보다 젊은 사람 외상이 낫다는 말이 인생의 척도를 말해준다.

희망은 삶의 에너지다. 자동차는 가스나 휘발유가 있어야 굴러서 가지만 우리의 삶은 단순히 밥만은 아니니다. 우리가 살면서 희망이 없다면 무슨 재미로 사는가. 허황된 꿈에 의존하는 것은 자살행위나 같으며, 대개 나이 들수록 왕년의 화려함에 집착하는 것은 유감이다.

과거는 꿈이 아니다. 꿈이란 바다에 떠있는 고깃배 같은 것이다. 살다가 보면 사람들 모두가 쌀쌀맞아서 고독의 섬처럼 느껴질 때가 많은데, 섬들이 때론 풍랑에 흔들리는 고깃배를 품어 안아 주는 절묘한 인간미가 있다. 그것이 세상의 거대한 이치며 사랑이리라.

청춘은 직구를 좋아한다. 그러나 나이가 들어갈수록 직구보다는 변화구에 익숙해진다. 단순한 생활보다 오히려 복잡한 일상이 더 살맛나게 하는 경우가 생긴다는 의미이다. 그만큼 우리가 살아갈수록 지켜야할 것들이 많고 해야 할 일들도 많다. 까놓고 말해서 투정부릴 시간이 없다. 누워서 침을 뱉어봤자 결국은 지 얼굴에 떨어지는 부메랑이 되고 만다.

딱 한마디만 더 하겠다. 나는 세상이 내편 아니라고 하늘을 원망하지 않을 것이다. 내가 가난하다고 그런 눈으로 보지 마라. 내가 못났다고 윽박지르지도 마라. 어떤 경우라도 내 앞길을 막지 마라. 나도 당신처럼 으스대며 살고 싶기에 나는 절망하지 않는다.

특별시민

서울에서 집 한 채만 지니고 살아도 부자다. 서울(강남) 아파트 한 채로 변두리 지방에서 여러 채 살 수가 있기 때문이다. 부자의 도시 서울은 이상한 도시다. 의외로 빚쟁이들이 많다. 꽃무늬 겉옷만 입고 나서면 보는 사람마다 근사하다며 부러워한다. 하지만 서울에 집이 있으므로 나도 부자긴 부잣데 아파트가 아니라서 유감이다. 그나마 강남에 있다면 좀 나을 테지만 강북에 있어서 기가 죽는다.

옛날 서울은 살만했다. 우리 아버지가 시골에서 괭이로 밥을 만드시는 동안 나는 서울 복판을 걸어 다니며 돈 벌었다. 그러나 이 시대 역군들은 손발 전혀 사용하지 않고도 우주를 휘젓고 돌아다니며 밥과 밥의 원자를 만들어 낸다. 지금 서울은 만원이다. 천만 넘는 사람들이 물방울처럼 퍼져서 서울 주변에 부채꼴모양으로 십 수개의 위성 신도시가 생겼다.

서울은 최고와 최하가 공존한다. 미리기 좋은 박사, 변호사, 의사들과 기술자 노동자 대리운전자들이 섞여서 집도 짓고 길도 내며 함께 산다. 그런데 희한한 것은 이따금 가난한 시민들이 거리로 쏟아져 나와서 부자들을 성토하며 등등하다. 때문에 서울은 노상 시끄럽다. 이순신장군이 큰칼 옆에 차고 내려다보시는 데도 서울광장은 아우성이다.

그래도 서울 사람들은 꿈을 꾼다. 누구는 부푼 꿈에 신이 나고 누구는 절망에 빠져서 신음하지만 서울의 꿈은 삶의 버팀목이 된다. 피부색이 달라도 전혀 어색하지 않은 글로벌 도시에서 무상급식 무상교육 무상의료 무상노인복지 등 정부 정책에 무한매력을 느끼며 시민들이 들떠 있다. 반값등록금으로 부모들의 형편이 조금은 나아질 전망이고 모처럼 허리가 펴지게 됐다.

자유란 부자유 속에 존재한다. 과거에는 왼쪽으로 걸어야 했으나 원활한 통행을 위해서 이제 오른쪽 보행이 원칙이다. 공공장소뿐만 아니라 지정된 장소가 아닌 곳에서는 담배조차 피울 수 없다. 함부로 주차할 수도 없다. 남자가 여자에게 찝쩍대거나 신체접촉을 일삼다가는 성희롱으로 전자발치를 차는 수가 있다. 그리고 노상방뇨 고성방가 등 경범에도 딱지가 붙고 벌금을 내야만 특별시민의 자격이 주어진다. 이것이 바로 특별시민에 의한 특별시민법이다.

하지만, 서울시민 특별법은 관대한 조항이 많다. 어린 아이들이 어른을 우습게 봐도 별로 상관하지 않는다. 고등학생이 버스 안에서 담배를 피우고, 이를 말리는 할아버지에게 주먹질해도 누가 나서지 않는다. 아들이 아버지에게 술값 안 갚아준다며 때려서 죽여도 사람들은 놀라지 않는 눈치다. 그래서 못된 아들 때문에 돈이 있어도 걱정 없어도 걱정이다. 서울에서 최근에 연쇄방화사건이 발생했다. 사회가 자기를 버렸다며 일부러 감옥에 가기 위한 복수극을 벌린 것이다.

이제 서울은 시민특별법을 고쳐야한다. 서울광장이 더 이상 분노의 장소가 돼서는 안 된다. 시청앞 광장이나 광화문 네거리가 집회의 성전이 되어서도 곤란하다. 서로가 서로에 대해서 삿대질 하거나 폭력을 사용하지 말아야한다. 이상한 깃발도 사라져야 하고 물대포도 없어져야 한다. 걸핏하면 코투레를 잡아서 물고 늘어지거나 정쟁으로 삼지 말아야한다. 서울은 특별시민을 위한 시민의 특별시가 되어야한다.

항복문서

2013년 2월 25일, 헌정사상 최초로 단군은 가고 웅녀가 왔다. 18대 박근혜정부가 출범함으로써 '민생, 약속, 통합'의 준비된 여성 통치시대가 열렸다. 그렇다. 오늘 이 땅에 여왕이 강림하심으로써 가부장은 옛말이 되고, 남자가 여자에게 술을 권하는 세상이다.

요즘 때가 그런가. 아내의 기세가 하늘 높은 줄 모른다. 시쳇말로 별 볼일 없는 내 신세가 말이 아니다. 무슨 말을 해도 대꾸조차 없이 꿍해 내칠 기세다. 한마디로 돈이 웬수라고 봐야한다. 아내는 그놈 돈 때문에 화장을 해도 고운 티가 없고, 고운 티가 없으니까 걱정(?) 하나 덜었네 하다도 고대 마음이 짠해진다. 세상에 나뿐만 아닐 것이다.

항복문서에 서명을 해주고 고개 숙인 남편들, 이제부터 아내들이 그 항복문서 조항마다 여인천하 시대를 열어갈 것이고, 규합된 국민행복시대의 여인세력이 이 땅에 확산될 것이 불을 보듯 뻔한 일이다. 이를 다른 말로 사회적 진화라고 한다지만 남자들에게 부단한 충성을 강요하며, 노동력까지 공출하도록 강력한 불문율의 법을 만들어 갈 것이기 때문이다.

이제 가부장의 권위는 공유물이 됐다. 남자는 가정의 평화를 위해서 모든 기득권을 고스란히 헌납했으며, 허리도 굽혀야한다. 어디를 가도 여자들이 판을 친다. 회장님도 여자, 총무도 여자다. 의사정족수조차 여자들이 우세하여 힘으로 밀어붙이기로 말하면 여자들의 기세를 누를 장사가 없다. 남자들은 말석에 앉아서 구색이나 맞추는 거수기정도라고 할까.

여자들은 결혼해서 가장의 반열에 오르고 남편들은 처음부터 평화유지군으로 여왕 모시듯 부인을 떠받들어야 한다. 밥짓고 빨래하고, 온종일 애기돌보며 청소도 하는 새로운 패러다임의 전업주부(夫)들이 벌써 동네시장마다 단골이 꽤다. 모처럼 나들이 때도 이것저것 등에 지거나 어깨가 저리도록 걸쳐 메는 짐꾼으로 체면이 말 아니다.

그렇다고 희망을 버릴 순 없다. 신권위주의 물결에 허리를 굽힐지라도 또 다른 징벌적인 역습이 생기지 않았으면 좋겠다. 어떤 경우라도 능력은 인정하지만 차별은 없어야 한다. 더는 탄압이나 불평등이란 말이 싫다. 완장도 싫다. 가진 자는 없는 자를 위해서 양보하고, 강자는 약한 자를 위하여 배려하는 약속과 통합의 정치를 기대한다.

박근혜대통령에게 바란다. 아이들은 아이답게, 청년들은 청년답게. 어른들은 어른답게 사는 아름다운 세상이 되었으면 좋겠다. 정치안정과 창조경제로 말미암아서 고루 잘사는 국민행복시대가 만들어졌으면 좋겠다. 누구나 자유롭게 말할 수 있고, 누구나 자유롭게 들을 수 있고, 누구나 자유롭게 볼 수 있는 문화융성의 희망한국을 만들어 주기를 기대하는 바다. 성공한 대통령 되시기 바랍니다.

> 어디로 가느냐 묻는 이가 없는 맨땅에 누구랑 동행을 한다는 것은 천생연분이 아니고서 감히 짝을 맺을 수 있을까? 가슴 한쪽에 언제 지펴질지도 모른 소담한 불씨 하나 묻어두고서 날마다 집을 나서 보지만 거리에 나서면 회사원도 아니고 공무원도 아닌 나를 유리벽에 갇힌 도시가 알아본다.
>
> 가도 가도 끝이 없는 맨 그 자리지 우린 둘이서 걷는다. 성공신화를 떠올리며 걷다보면 난생 처음 보는 꽃을 만나고 낯익은 나무들도 만난다. 강으로 죽으러가는 사람을 만나고 산으로 자신을 묻으러 가는 사람도 만난다. 이럴 때 내 마음을 덮어주고 만져주는 아내가 항상 곁에 있지만 두근두근 그립다.
>
> 꽃가지를 부러뜨려 봐도 그 속엔 꽃이 없다. 허나, 우린 봄이 되면 그 가지에 많은 꽃들이 핀다는 사실을 확신한다. 때론 황당한 일들이 나를 당혹케 하는 경우가 있을 테고 길을 잃어서 온종일 헤매다 빈손일지라도 식구들이 온기가 돈은 가슴으로 반기는 돌아갈 곳이 있기에 절망하지 않는 이유다. (졸시 : 아름다운 동행 전문)

3부 가을

500원의 행복

500원의 행복

아내는 나보다 똑똑하다. 같이 나이를 먹어가는 데도 말을 잘하고 판단력 또한 비할 바가 아니다. 뿐만 아니라 모든 나의 일상이 아내의 구박 대상이 되곤 한다. 하여, 번번이 미운 짓만 골라 하는 나 때문에 미치고 팔딱 뛰겠다는 아내, 아내가 살림을 도맡아 이끌어 가는 처지다보니 거추장스런 존재일 수밖에 없다. 내가 고작 하는 일은 짐을 운반하거나 살림살이 이동하는데 필요한 수레역할 정도가 다다.

오늘 나는 방안의 온도를 높이기 위해서 보일러 'on' 위치에 놓았다. 그러자 아내는 영하의 추위가 아닌데 무슨 낭비냐며 가차 없이 'off'에 놓는다. 그렇듯 우리 집은 여름이나 겨울이 되면 on과 off의 전쟁이다. 모든 경제적인 시시비비는 여기서 생기며 결국 아내의 승리로 끝나기 마련이지만 절약이 경제를 만들고 경제가 한가한 노후를 지켜준다고 믿는 아내다. 다시 말해서 소득과 소비의 균형이 어긋날 때 가계가 곤궁에 처하게 되므로 과소비야말로 미래행복의 적이라고 보는 것이다.

'내가 당신 때문에 더 살고 싶어도 못살겠다니까'

'무슨 소리?'

'개뿔이나 소득도 없는데 펑펑 어쩌자는 거예요? 방에서 나올 때 전기불은 반드시 꺼야죠. 이번 달 전기, 수도, 가스요금이 얼만지 아세요? 알기나 하냐고요?'

'그거야 공공요금이 모조리 올라서 그렇지 뭐'

아내도 별 수가 없다. 나보다 똑똑하고 순발력도 강하긴 하나 전보다 쪼작해졌다. 소비를 호랑이처럼 무서워하는 아내다. 잔소리도 많이 늘었다. 웬만한 것은 버려도 되는데 언젠가 필요한 날이 올 거라면서 구석구석마다 쌓아둔 구닥다리 살림살이가 미화환경을 해치는 정도다.

식구들이 다 모이면 두려울 게 없다던 아내도 돈 앞에서는 도리가 없나보다. 아내가 손바닥을 들여다보며 어쩔 줄 몰라 한다. 잃어버렸다는 그 500원 때문인 거 같다. 동네시장에서 돌아오다 500원짜리 동전 한 개를 땅에 떨어뜨렸는데 한참을 찾았으나 행방이 묘연해 포기하고 말았던 것. 그러나 아내는 서운했던지 다시 가서 한참 후 의기가 펄펄한 모습으로 돌아왔다. 그리고 혼잣말로 '글쎄 요것이 주인을 알아보더라니까' 한다.

참 알다 모를 일이다. 단돈 500원에 행복을 느끼는 아내의 모습이 짠해 보인다. 행복이란 이런 것이라고 이따금 사소한 일상을 통해서 설명하지만 그렇게도 곱던 얼굴에 어느덧 잔주름투성이며, 그렇게도 빠르고 경쾌하던 걸음 거리가 느림보 나보다 항상 뒤에 처진다. 이젠 설거지도 싫다고 한다. 내가 가끔씩 만들어 주는 누룽지를 먹고서야 포만감을 느낀다고 말한다.

아내는 빈처다. 모진 세상에서 살아남은 자가 강한 것이 아니라 강한 자만이 살아남는다며 빈처로 함께 살아준 아내가 고맙다. 지금 우리 나이 또래 이상의 노인들은 적어도 3억 정도 있어야 한가한 여생을 마칠 수 있다고 하는데 나에게는 그만한 돈이 없고 능력도 없다. 이제는 아내의 누드를 봐도 아무 황홀함조차 없으나 그런 나를 위해서 더 살아야 한다고 말하는 아내다. 앞으로 나를 데리고 살아 줄 아내가 더없이 소중하고 고맙다.

요즘 작은 희망이 하나 생겼다. 내가 아내를 위해서 요리공부 하기로 마음먹은 것이다. 기왕에 좋은 조리법을 배워서 아내에게 멋진 서비스를 하고, 내가 만든 음식으로 온 식구가 함께 식사를 즐길 수 있다면 그야말로 신나지 않겠는가. 머지않아 내가 조리대 앞에서 하얀 요리사모자와 복장으로 생선을 다듬거나 통닭을 튀기고 있을지 모른다. 그 사이 여자들은 손가락으로 간보며 ㅋㅋㅋ 수다 떨겠지.

세상을 아름답게 하는 것

꽃은 꽃대로 사람은 사람들대로 모여서 좋은 세상을 만들고 우주를 형성한다. 지금 우리가 살고 있는 방식이 우주의 빈 공간을 채워가는 일이다. 때문에 살면서 진자리 마른자리 밟지 않고 살 재간도 없다. 세상에는 음지에서 어둠을 걷어내는 사람들이 있기에 빛을 볼 수 있으며 아름다운 삶으로 살아갈 수가 있다.

사랑도 죄다. 미움도 죄다. 예쁜 종아리 보고 싱끗 웃었을 뿐인데 그녀가 성적인 수치심을 느꼈다면 그 행위는 유죄다. 어깨를 한번 짚었을 뿐인데 그것으로 인하여 아픔을 느끼게 되었다면 그조차 폭행이 성립된다. 죄란 인간관계에 반하는 덕목이며 부도덕한 행위를 말한다. 윤리와 도덕의 흠결이 곧 죄다. 세상은 죄 소굴이며 피투성이다.

그러나 가만 따져보면 죄도 없다. 죄를 뒤집어놓고 보면 그것이 도덕과 부합하는 선일수도 있기 때문이다. 지금의 살인자가 오랜 후에는 정의의 반열에 서게 되는 아이러니를 부정할 수 없으며, 그와 같은 모호한 죄와 선의 개연성 때문에 함부로 단죄지울 수 없는 이유다. 그래서 산다는 것은 죄를 짓고 씻는 일이다.

죄는 양심의 가책을 자극한다. 때문에 우울한 마음으로 세상을 바라볼 수밖에 없다. 알고 저지른 죄, 혹은 모르고 범한 죄일지라도 죄의식은 결코 가만 놔두지 않는다. 설사 당사자 간에 합의를 했다 하더라도 그것은 형식일 뿐이며, 흔적은 아무리 씻어도 누구나 그 망령의 굴레에서 자유롭지가 않다. 그냥 묻어 두거나 잠시 잊어버릴 수는 있을지 몰라도 죄의 원형은 업보로 남는다.

모든 종교는 기도로부터 시작한다. 만약, 세상에 부활의 감옥이 없다면 무슨 재미로 살 것인가. 대속(代贖)은 부활의 관문이다. 그러나 면죄부는 아니다. 솔직히 말해서 선과 악은 서로 반대 개념이 아니라 유기적이다. 이러한 이중적인 생활은 오래전부터 습관화되고 경직화 되었다. 그래서 선과 악을 수없이 넘나들면서도 정작 본인이 본인의 진실을 모르는 수가 허다하다. 나조차 나를 모르고 사는데 어느 누가 나를 바로 아는가.

세상은 구린 곳이다. 그러기에 신선하고 고상한 삶을 추구한다. 아마도 '개똥밭에 뒹굴어도 이승이 좋다' 한 것은 '용서'라는 단어가 있기 때문일 것이다. 용서는 인류통합이다. 살며 죄를 만들고 벌도 받지만 용서가 아니고는 거듭날 수 없다. 용서는 가치를 만들어가는 사회의 근간이기 때문이다. 누구나 바로 설 수 있는 믿음의 사회, 그런 민주사회가 바로 정의로운 복지사회다. 용서의 마음이 번져서 아름다운 무죄의 세상이 되기를 기대해 본다.

> 오늘 하루가 기쁜 날이면 좋겠군요/ 아름다운 하루가 되면 더 좋겠군요/ 누구로부터 간섭 받거나 구속당하지 않고/ 자유로운 하루가 된다면 참 좋겠군요/ 아무에게 화내지 아니하고/ 무슨 말이든지 기분 좋은 말로 용서하며/ 하루가 잘 마무리 되는 그런 날이면 좋겠군요/ 서로 다투지 아니하고/ 어느 것 하나 빼앗지도 아니하며/ 오직 살기 좋은 믿음의 날이 되었으면 좋겠군요/ 누구나 다치지 않고/ 서럽지 않은 날이 되었으면 좋겠군요/ 억울한 사정으로 고민하는 사람이 없으면 좋겠군요/ 오늘 하루가/ 유익하고 보람있는 여러분의 날이 되었으면 좋겠군요/ 정말 행복한 날이길 빕니다 (졸시 : 여러분 전문)

우리가 살아가는 이유

사람은 살면서 두 가지 일로 충격적인 경험을 갖게 된다고 한다. 하나는 '만남'이요, 또 하나는 '이별'이다. 세계 50억 인구 중에 용케 서로의 만남은 기적이라고 봐야한다. 이 예사롭지 않은 일을 그냥 지나친다면 그만큼 좋은 인연을 놓치는 것뿐만 아니라 소중한 자기를 잃어버린 것이다. 만남과 이별은 우리 인간사에 있어서 가장 빈번한 관계이라고나 할까.

살다보면, 지치고 버거운 때가 참 많다. 웃는 일보다 우는 날들이 훨씬 압도하며, 실낱같은 미소를 찾아서 다양한 방법으로 종일 헤맨다. 만약에, 일상 중에서 날마다 절망뿐이라면 저승으로 가는 길이 대단히 혼잡할 것이다. 산다는 것이 녹록치는 않지만 다행히 미소 하나가 눈물 열 정도쯤은 희석이 가능하므로 이승이 좋은 이유 아닐까 싶다.

우리가 부자로 사는 방법은 새나 짐승을 보면 안다. 새나 짐승들은 계절마다 울창한 숲을 찾아서 둥지나 은신처를 고르지만 곡간이 없다. 곡간이 없으니 다른 동료들과 함께 어우러져서 살 수밖에, 뿐만 아니라 우리가 아름답게 사는 방법

또한 나비나 꽃을 보면 안다. 나비와 꽃에는 우아한 미소와 향이 있기에 병들고 일그러진 마음을 치유할 수가 있다.

아무리 혹독할지라도 불치병이란 없다고 본다. 아직 치유의 방법을 모르거나 못 찾아서 고치지 못한 경우는 있을지라도 어딘가에, 그리고 언젠가는 난치병을 직방으로 고칠 수 있는 약이 있을 것이나 지금으로서는 시간이 좀 필요할 뿐이다. 모든 병은 마음에서 온다고 했다. 마음의 병은 예방이 가능할 뿐만 아니라 마음으로 치유가 가능하다고 본다.

나이가 들수록 잃는 것이 많다. 우선 친구가 줄어들고, 일가친척들조차도 멀어지며, 나를 따돌려 놓거나 내팽개치는 음모가 심해진다. 나이든 사람들은 사회생활 하는데 불편할 정도로 소외감이 강력한 공적이다. 부리나케 전화벨이 울이던 왕년의 그때와는 달리 요즘은 몇날 며칠이 지나도 전화 한 통 없이 꼬박꼬박 기본료만 내는 처지다.

웃으면서 살고 싶은가.(그렇다.) 기왕 부자로 살고 싶고, 아름답게 살고 싶은 것은 마찬가지다. 인생이 꼭 가야할 종착역까지 짐이 너무 많아서 끙끙 앓다가 중도에서 주저앉고 만다면 그 인생은 비참하다고 할 수밖에 없다. 지나친 생물학적 고민은 즐겁지 아니하여 아름다운 삶의 걸림돌이다. 사람들은 나에게 말하기를, 긍정적인 생각은 자신뿐만 아니라 이웃과 세상을 밝게 해준다면서 생각을 바꿔 보라고 한다.

옳은 말이다. 좋은 충고로 받아들이긴 하나 쉽지가 않다.

적어도 70년 동안이나 길들여진 습관이 단숨에 고쳐질 리 만무하기 때문이다. 내가 살아오면서 느낀 덕목 중 하나는 말과 행동을 바르게 옮겨야 한다는 것이다. 가벼운 말이나 하찮은 일도 성의와 성심이 부족하면 공감을 얻지 못하며, 공감을 얻지 못하면 앞에 나서봐야 바라보는 사람이 없다. 혹은 있다 하더라도 얼마 안 가서 슬금슬금 빠지고 결국은 혼자 남는다.

이 넓은 세상을 혼자서 어떻게 살아갈 것인지 생각해 보라. 암담할 것이다. 단언컨데 닫힌 마음으로는 물속 열 길보다도 더 출렁대는 다른 사람의 속을 들여다 볼 수가 없다. 대화는 곧 세상과의 소통이다. 길 위에 길이 있고 또 그 길 위에 새로운 길이 있기에, 길을 묻고 대답하며 살아가는 이유다.

> 울음 우는/ 저 찢어진 북의 진양조/ 누드 행렬이 뱅뱅 지천을 맴돌다/ 쉰 목소리로 사치스런 웃음 크게 지어본다
>
> (졸시 : 6월의 도시 -분노-)

> 산문/ 빠져나온 바람/ 이에 잔챙이 청솔가지는 용기를 내어/ 두렵긴 하나 긴 강 거슬러서 유영하는/ 진초록 풍경
>
> (졸시: 6월의 도시 -항쟁-)

탑(塔)

세계에서 가자 높은 산이 에베레스트다. 1억2천만 년 전에는 그곳이 깊은 바다였다는 사실에 대해서 누구나 쉽게 동의하지 않을 것이다. 하지만 사실이라고 한다. 내가 지금 서 있는 용문산이 바다였을 지도 모른다는 생각이 들었다. 이조시대 때까지만 해도 인제뗏목(북한강)과 정선뗏목(남한강)이 서울 노나루(노량진)와 마나루(마포나루)에 댔다고 하니까 화목 떼와 소금배가 오르락내리락 했다는 것인데, 아주 옛적 화산이 터져 산이 되기 이전에는 혹여 바다일 수도 있겠다는 생각이 들었다.

용문산은 등산로가 잘 드러난 것으로 봐서 사람들과 친숙한 명산임을 짐작할 수 있다. 산 정상은 사방 100km가 막힘없이 조망되는 천혜의 요새지역으로써 가을단풍을 보고 설악단풍이 울고 갈 정도로 아름다운 산이라고 하니까 화악산 명지산 국망봉에 이어 경기도에서 네 번째로 높은 가볼만한 산이다.

엎어진 김에 쉬어나 갈까. 천천히 걷는 동안 하루살이 풀벌

레들이 용케 손등과 복숭아 뼈 아래 핏대만 골라서 물어댄다. 그 작은 눈으로 어떻게 광활한 세상을 보며 사는지 참으로 신기할 정도다. 용문사 또한 산의 자락에 안거하며, 산이 절을 품었다고 한다면 절은 세상을 품었다고 말할 수 있을 것이다. 큰절이라고 볼 순 없으나 고찰의 느낌이 든다.

신라 선덕왕 때 태경대사가 창건(913)했다고 한다. 아니다. 경순왕이 친히 행차하여 창사하였다고도 하고, 순종 원년에 의병대 근거지로 사용하자 일본군이 불태웠으나 1909년 취운스님이 큰방을 증건한 뒤 1938년에 태욱스님께서 대웅전, 어실각, 노전, 칠성각, 기념각, 용사 등을 증축하였다고 기록되어 있다.

용문사에는 전설의 나무가 있다. 말이 좀 이상하긴 하지만 용문사보다 더 유명한 벼슬아치 은행나무다. 1,100살쯤으로 추정되는 나무로서 높이가 42m, 뿌리부분 둘레만도 15,1m이고 천연기념물 30호다. 이는 우리나라 최고의 은행나무다. 통일신라 때 경순왕 아들이 금강산으로 가다가 심었다는 이야기와, 의상 대사께서 짚고 다니던 지팡이를 꽂아 놓은 것이 자라서 나무가 됐다는 설이 함께 전해지고 있다.

내가 용문산을 찾아올 땐 꼭 하고 싶은 말이 있었다. 하지만 막상 와서는 우물쭈물 제대로 말 한마디 못하고 한참 걸어오다 뒤를 보니 그제야 생각이 난다. 사람들은 엄청난 꿈과 희망으로 살지만 결국 남는 것은 한 줌의 흙에 지나지 않다고 말한다. 정말 그런가? 나는 나를 알지 못하는 데서 어려움에

봉착하게 된다.

산이 나에게 말한다.
탑(慾)을 내려놓으시오.
용문사가 나에게 말한다.
탑(德)을 쌓으시오.

탑을
쌓을까 말까
망설이다 돌 하나 던졌다.

힘들어 하는 친구에게

KTX보다 몇 배가 더 빠른 열차는 황혼열차다. 나는 70km 속력으로 질주하는 황혼열차 승객으로서 블로그도 없어! 카페도 몰라! 한글타자도 못 쳐! 도대체 반 푼이 같은 IT 문맹자다. 그래서 슬프다. 어서 극복해야지 하면서도 맨 날 헛소리뿐이다.

내 친구도 형제의 난에 휘말려서 응어리진 가슴으로 세상을 살자니까 하루하루가 죽을 맛이라고 한다. 게다가 혼기를 놓친 자식 때문에 울화가 치밀고 자괴감이 생긴다고 한다. 그만큼 가르쳐서 키웠으면 됐지 싶은데도 열등감에 사로잡혀 마른 가슴을 쥐어짠다.

어디 친구뿐이겠는가. 한참 더 걸어야할 노정에서 서성이는 사람이 좋은 인생을 즐긴다고 볼 수는 없을 것이다. 오늘 같이 비가 내리고 을씨년스런 날은 소주병을 사다놓고 김치찌개에다 돼지고기(목살) 숭숭 넣어 팔팔 끓인 다음 친구랑 함께 이런 저런 얘기 나누면서 답답한 마음을 풀어내는 것이 제격이다.

친구야, 가난의 미학을 배우자. 배워서 신나게 즐기자. 노인들의 즐거운 삶이란 눈깔사탕이 아니다. 성적인 쾌락도 아니며, 기억이 안 되는 것들을 꼬집어내는 것이다. 성철스님 말씀대로 산은 산이요 물은 물이다. 우리가 감히 산을 통째로 소유할 수 없는 노릇이고, 물도 바닥이 볼일 때까지 단숨에 들이키지 못한다. 막말로 따지자면 우리가 다 큰 성년의 자식들 때문에 만양 애간장을 녹일 순 없지 않는가.

힘들어 하지 마라. 호랑이는 굶주려도 풀을 뜯지 않는다. 지금 우리가 힘들고 갑갑하기는 해도 세상의 새로운 변화에 절망하지 말자. 인생에도 봄날은 있다. 오늘이 우리 인생에 최고의 봄날이라고 생각하면 슬퍼할 일이 아니다. 더 많은 욕심 따위는 명분을 잃게 될 것이다. 더 가져봤자 아무 쓸모가 없기 때문이며, 오히려 그것이 구차스런 짐이 되기 때문이다. 이제 남은 것은 부지런히 사랑하고 부지런히 이해하며 부지런히 용서하는 일 밖에 없다.

지금까지 알려진 대로는 인간 수명이 125살이다. 그런데, 미국에서 어느 상습적인 강간혐의자가 1,000년 감옥 형을 받았다고 한다. 천년의 감옥 형은 어처구니없는 비현실적인 형량이 아닌가 싶지만, 뜯어보면 일리가 있어 보인다. 구약성서 아브라함 조상들은 수 백세를 살았다. 므두 셀라 969세, 노아 950세, 셈 600세, 그리고 아브라함은 100세에 이삭을 낳았다. 그렇다면, 우리도 더 멀리 보고 미래를 기대하며 살아야 되지 않겠는가.

우리 희망을 버리지 말자. 많고 적고는 관념의 차이다. 마음먹기 따라서 가난과 부자는 확연히 구별이 되기에, 부자가 되고 싶으면 좀 당당하고 비굴하지 않게 행동하면 된다. 지구가 곧 멸망할 것처럼 이따금 위태로워 보이지만 태양을 향하여 자전과 공전을 거듭하며 45억년 동안이나 버티고 살아왔다. 앞으로도 더 충분히 살아갈 가망을 보이며, 우리에게 살아가는 이유를 말해준다.

감히 말하건대, 사공은 어떠한 경우라도 삿대를 놓쳐서는 안 된다. 풍랑에 배가 길을 잃거나 뒤집히면 큰일이기 때문이다. 가족은 하늘이 맺어주고 하늘만이 주관할 수 있는 마지막 선물이라는 점에 주목해야할 것이다. 산다는 것은 한 지붕 안에서 이성과 감성을 서로 보듬어 주고 그 같은 일상적인 희로애락이 생활이요 삶이다.

해가 저물어도 갈 곳이 있다는 것은 부자들만 누릴 수 있는 행운이라고 생각한다. 그리고 집에는 아내가 있다. 아내만큼 너에 대한 내역을 달달 꿰고 있는 사람이 없을 것이다. 서로 충분한 교감이 통하는 내조자가 있다는 사실만으로도 너는 세상에서 가장 행복한 사람이다.

친구야, 갖고 싶은 것을 갖는 것이 무슨 죄가 될까마는 그마저 지나치면 과욕이라고 본다. 우리 힘을 내자.

골루게 마을

여름 날씨는 갈팡질팡 믿을 수 없다. 비가 개인 오후 전철을 타고 덕소에 내려 대륙횡단(자전거) 길을 따라 양정까지 왔다. 이 지역이 배(梨)가 유명하다는 것은 배 밭을 보아서 짐작이 된다. 이리저리 봐도 사방이 배 밭뿐이다. 그런데 마을 이름이 이상하다. '골루게 마을'이라니…?

내 옷차림이 남루해서인가. 만만하게 보였던지 마을에 들어서니까 왠 개들이 우르르 몰려든다. 창피할 정도다. 그런데 그런 녀석들이 나를 흉내 내는지 가다 멈추면 멈칫하고 다시 움직이면 따라서 물어뜯기라도 할 듯이 덤벼댄다. 윽박지르는 시늉을 하면 그놈들도 여지없이 거품을 품고 발악하는 거였다. 그래서 개사육장 골목을 지나는데 시간이 한참이나 걸렸다.

나는 이 마을과 아무런 연관이 없다. 없지만 오늘이 아니고서 내가 여기 오기란 장담할 수 없는 일이다. '산에 서면 들이 보이고, 들에 서면 산이 보인다.'는 말에 공감하면서 나의 갇혀진 성직(?)생활에 종지부를 찍는 기분으로 집을 나섰다. 그러니까 오래간만의 일탈이라고나 할까. 무턱대고 상봉역에서 타고 가다 왠지 마음이 닿아 무작정 양정역에 내렸다.

양정역 주변은 도시의 꿈을 꾸는 변방이다. 역세권을 중심으로 도시개발을 강력히 추진하며 황금알을 낳는 부자의 기적을 눈앞에 두고 있다. 늘씬한 도로가 사방팔방으로 쭉 뻗어 있으며, 개발제한구역이란 팻말이 여기저기서 미소를 짓는다. 이제 머지 않아서 나를 노려보던 골루게 마을의 개들은 어디든 떠나야할 것이고, 배 밭도 도시화에 밀려서 갈아엎어질 것이다.

나는 용한 점쟁이가 아니다. 디자이너도 아니지만 인간들의 부질없는 행위로 말미암아 부서지고 묻히는 광경이 선명하게 그려진다. 그렇다면, 신도시의 주인은 누가 될 것인가. 나는 서울에 살면서 달동네의 설움을 많이 봤다. 가난과 야심의 헤게모니는 늘 권력의 힘이 제압했다. 서민은 야심의 아래에 깔려서 딱지(입주권) 한 장 들고 어디론가 행방이 묘연해 지는 처절한 모습이었으며, 이에 가난이 가난을 낳고 부가 부를 낳는 경제론리가 확산되었다.

오늘날 서울은 높은 데서 저점을 향한 한숨의 강으로 이루어진 바다라고 봐도 과언이 아니다. 골루게 마을도 눈물의 바다가 될지 모른다. 겉으론 환상적인 옥상옥이 마천루를 이루겠지만 뜯이보면 쫓기고 쫓거서 서울 외곽의 등대지기가 됐던 사람들이 다시 밀리고 밀려와서 그 자리를 채워나갈 것이기 때문이다. 그리하여 골루게 마을 사람들 또한 예외 없이 대다수가 파도처럼 고향을 떠나 다른 유랑민들과 합류하는 난민이 될지도 모를 일이다.

그러나 아직은 공기무한흡입이 가능한 동네다. 천천히 걷고 싶은데 느닷없는 비가 재촉한다. 춘천에서 출발한 경춘선 열차가 양정역에다 여름 햇살을 내려놓고 대신 비구름 걸어간다. 걸어간 비구름은 상봉역쯤에나 풀어놓을지, 풀어놓으면 우산 속에서 크크 웃겠네.

잃어버린 골목풍경

우리 동네엔 낡은 대포소리 같은 굉음이 가끔 들린다. 뻥-. 아니다. 펑-이라고 하는 것이 바른 표기일 것이다. 펑! 소리에 들떠 있던 꼬맹이들이 고소한 연무 속으로 우르르 모여들어 단내를 머금던 곳, 학교 앞 육교에서 빤히 보이는 지금의 골목시장 입구가 전설의 진원지다.

솜사탕 같은 햇살을 보듬은 초등 1,2학년 꼬맹이들이 형들 틈에 쪼그리고 앉아서 내동 기적의 순간을 기대하곤 했다. 고도의 불기둥 속에서 강냉이가 불나방처럼 부활의 꿈을 꾸고 있을 때 아이들은 거푸 손꼽아 수를 세고, 그러다 보면. 강냉이가 활짝 핀 목화송이처럼 변신의 몸으로 펑! 터졌던 것.

아저씨는 빙그레 웃으신다. 보기에도 세월의 달인처럼 도톰한 손등을 잔주름이 휘감고 있지만 사람들은 그분을 '뻥튀기 아저씨'라고 불렀다. 뻥튀기 아저씨는 쌀이나 강냉이를 튀겨서 가난한 후각과 미각을 위하여 낭만적인 먹을거리로 만들어 주셨다.

그런데, 비린내 물씬한 왠 생선장수 아저씨가 슬그머니 그 자리를 차지하고부터 골목은 달라졌다. 펑하는 소리가 사라지고 아이들도 떠나가 버렸다. 그리하여 골목풍경은 비린내에 찌들어서 코를 막고 지나가는 사람들뿐이다.

그렇다. 뻥튀기 아저씨는 전설 속으로 사라졌다. 사라졌지만 뻥튀기는 한마디로 낭만의 국민과자라고 말할 수 있다. 남녀노소 누구나 즐겨 먹던 추억의 명품과자다. 요즘은 새로 나온 고급과자에 밀려난 처지가 됐으나 한 시대를 풍미한 전통과자다. 심심풀이 뻥튀기야말로 내 인생의 여백에 유일한 주전부리가 되었던 것이다.

그러나 말은 하기 마름이다. 갖다 붙이는 대로 해석이 분분하기 때문에 옳고 그름을 명쾌히 판단하기는 쉽지가 않다. 추억은 언제나 달콤하지만 눈물과 아픔도 있을 것이나 잊고 싶은 과거라서 덮어두는 거뿐이다. 뻥튀기도 배고픔을 잊도록 해준 눈물겨운 뻥이나 다름이 없다. 오죽 했으면 터무니없을 정도로 부풀려서 고픔을 잊었겠는가.

사람들은 조금만 여유가 생겨도 과거를 잊는 버릇이 있다. 기억하고 싶지 않은 과거사를 굳이 기억할 이유야 없자만 생각의 동기부여는 되기에 현재의 삶에 위로와 안도가 된다. 하여, 뻥튀기는 누구에게나 소소하고 만만한 추억이다.

뻥이나 칠까보다. 오늘은 곰탱이 친구를 불러들여 추억여행하면서 뻥이나 치고 싶다. 아니, 친구의 뻥소리도 듣고 싶다. 고소한 연무 속으로 사라지는 요술쟁이처럼 우리 아이들에게도 뻥치는 달콤한 뻥쟁이고 싶다.

> 아깝다 돈도 아니고 밥도 아니고 흑싸리 피만도 못한 것을 죽어라 써 봐도 그깐 놈의 문학이 무슨 소용인가 술 한 잔 걸치고 실컷 욕이라도 퍼붓다보면 그것이 하루의 청춘인 것을, 오늘도 도매금으로 팔려간 늙은 온기로 이방인과 맞서서 설움을 밀어내고 작은 웃음 하나 건졌다 예전 것만은 못해도 늙은 이빨 사이로 드나난 비루한 웃음이 새로 생긴 백발보다 낫고 낯익은 마른 기침소리보다도 기름지다
>
> (졸시 : 오늘 전문)

개똥마을(상)

내 고향은 전북 정읍시 감곡(甘谷)이다. 소재지에서 대신천(大新川)을 따라 쭉 모악산 쪽으로 가다보면 하늘에서 가깝다고 하여 지어진 이름 '하느멀'(天村) 동네가 나온다. 반은 김씨네가 살고 또 반은 박씨네가 사는 20여호 집성촌으로, 이리저리 인연이 엉켜 있어서 따지고 보면 남들도 아니다. 그래서 서로 말과 행동을 조심하게 되며, 조용하고 평화로운 신선마을의 정서가 깊은 뿌리를 이루고 있다.

고향은 늘 그런 줄만 알았다. 빛과 어둠이 선명하고, 절기마다 새로운 꿈과 희망을 안겨주는 福동네인 줄 알았다. 그런데, 지난여름 장마에 고초를 당했다고 한다. 420/mm 물대포 폭우로 농경지가 잠기고, 산사태로 가옥과 축사도 무너졌으며, 짐승들조차 물에 떠내려가는 지경이 되었다. 따라서 하느멀 마을도 예외일 순 없으며 피해가 적지 않다.

하느멀(천촌)에는 조그마한 '천촌저수지'가 있다. 내가 어렸을 적에 멱도 감고 물이 빠지면 어른들이랑 고기도 잡던 곳이다. 그러니까 저수지는 마을의 젖줄이나 다름이 없다. 마을

전답은 거의가 이 물에 의존하다시피 하여 생명수나 마찬가지이기 때문이다. 그런데, 지난번 폭우로 토사가 유입되는 바람에 수심이 반 정도 낮아졌을 뿐만 아니라 수질오염 또한 심각해졌다. 부득이 준설을 하지 않고서는 저수지로서의 기능을 다 할 수 없게 돼버린 것이다.

그래서 주민들의 허탈한 심정은 헤아릴 수조차 없을 지경이다. 그렇다고 마냥 하늘을 원망 하고 대통령에게 손가락질 해본들 뾰족한 수는 아니었다. 술 마시고 죽고 싶다한들 그리 쉬운 일도 아니기에 다 부질없는 짓이 되고 말았다. 천재냐, 인재냐를 놓고 의견이 분분했지만 결국은 인근 사업장 때문이라며 인재 쪽으로 결론이 맺어졌다.

비글(Beagle)이란 도대체 무엇일까. 누구나 이 생소한 단어에 고갤 갸우뚱 했을 것이다. '실험동물'이라고 한다. 비글은 주로 신약의 효능과 부작용을 검증하기 위해 사용한다고 하는데 시험용 동물로 개, 고양이, 원숭이, 쥐 등이 사육되고 있다 한다. 말하자면, 마땅히 보호받아야할 동물들이 인간의 건강과 생명을 담보로 인간에 의해서 학대와 죽음까지 당하는 셈이다.

아무튼지, 엿장수에게 엿을 선물하는 것은 죄가 되기에 문제다. 비글은 곧 경제로 환산이 가능한 유망산업이기 때문에 부를 만드는 지름길이 되고 징경유착이 빈번해 질 수 있는 유혹의 사각지대다. 그렇지만 경제를 모르고 법도 잘 모르는 하느멀 사람들은 그런 거에 대해서 관심조차 두지 않았던 터다.

다만, 언젠가부터 어떤 외지인이 슬금슬금 땅을 사 모으고 빈 집도 더러 사는데서 발끈하게 됐다.

내용이 이렇다. 모 상장기업이 1만여 평의 땅을 매입하고 그 부지 위에 견사와 퇴비사, 사무실 등 연면적 5,000평(20동)과 6,000여 마리 시험용개(비글犬)를 사육할 목적으로 추진했다. 하지만 사업을 추진하는데 있어서 문제점이 확연히 들어남에도 불구하고 관계기관과 공무원들은 마을주민과 대화 한마디 없이 밀실행정을 진행함에 따라 분노를 촉발시켰으며, 감쪽같이 속이고 개사육장을 만든다고 하니까 뿔이 나고야 말았던 것이다.

싸움은 일 년여 동안 치열하게 이어져왔다. 폭력, 고발, 진정, 소송 등 그야말로 마을은 피로 얼룩졌다. 여러 번의 소송비용도 만만치 않은 데다 노련한 싸움꾼도 아니기에 차라리 죽어버리고 싶다는 주민들도 생겼다. 그리고 농가를 강제 철거하려는 사측 40여 명의 용역직원들과 이를 결사반대하던 노인들이 두어 차례 서로 옥신각신했다. 그 일로 인해서 지금도 가슴이 벌렁벌렁하여 안정제에 의존하는 실정이다.

그래서 재경향우회 출향민들이 힘을 보태기로 한 계기다 됐다. 하지만 힘을 보태봤자 계란으로 바위와 맞서는 상황이었다. 상대방 측에서는 경제도 모르고 법도 모르는 주민과 출향민들의 순수한 애향심을 집단이기주의로 몰아갔다. 그것은 배부른 돼지가 되기 위해서 함부로 애먼 사람들을 도둑으로 모는 격이다. 그리하여 하느멀의 운명은 아무도 장담할 수 없는 처지다. 이미 인삼밭과 과수원은 그들이 의도하는 대로 1차 견사와 퇴비사가 준공이 돼서 200여 마리 모견(母犬)이 사육중이며 2차 증축허가까지 나 있는 상황이다.

이제 하느멀 마을은 '비글犬 공화국'이다. 만약, 본격적인 사업이 이루어진다면 마을은 막대한 피해를 입게 될 것이고, 더는 '신선마을'이 아니라 '개똥마을'이 될 위기에 처한 것이다. 악취는 물론이며, 식수와 농경수질오염이 심각해질 공산이 크다. 개 한 마리가 짖는 괴음이 온 동네를 들쑤시는 판에 불과 100m 지근거리에서 6,000 마리가 발광하며 짖어댄다 생각하면 누구나 고향을 떠나고 싶어 할 것이다.

법은 약자의 지팡이다. 힘 있는 자의 전횡이 돼서는 안 된다. 인간사회에서 과학이 필요하긴 하지만 모든 일에 명분을 대표할 순 없으며, 설득력의 도구로만 삼아서도 안 된다고 본다. 그것이 악덕기업의 전형적인 교만이기 때문이요, 승자독식구조가 되기 때문이다. 그리고 대규모 혐오시설은 조상에 대한 예의도 아닐 뿐만 아니라 도시 아이들에도 동경심과 꿈을 저버리고 실망만 주게 된다.

누구나 부자로 눈부시게 잘 살고 싶은 욕망은 같다. 경제가 불황이면 국민의 고통도 많아지고 분담의 책임도 막중하다고 봐야한다. 나의 고향 정읍시 감곡은 지난여름에 집중적인 폭우로 피해가 커서 재난지역으로 지정 되었다. 그 이유야 어떠하던지 간에 이번 사건이 피해를 가중 시켰으며 앞으로도 심히 염려가 된다. 정말 '개똥마을'은 싫다. 혹여 가난하게 살더라도 시끄럽고 구린내 풍기는 '개똥마을'이 싫다. 사랑 한다 고향아. 힘내라 하느멀 사람들! ...

> 달에게/ 근황을 묻는다// 옥답이 물에 잠겼다 하던데/ 가뭄 탓에/ 땅조차 모조리 갈라졌다고 하던데// 내가/ 두고 온 태의 무덤은 아직 그대로 있는가? (졸시 :유정1-묻는다)

> 고얀 놈/ 여럿이 능금서리 하다가/ 호랑이 아저씨한테 싸대기 맞고도/ 시큼 달콤 그 맛이 너무나 좋아서/ 또 탱자나무 울타리개구멍 슬금슬금 기었지(졸시 : 유정3-추억)

개똥마을(하)

어디 보자. 갈라지고 파헤쳐져서 상처투성이 뿐인 우리들의 대지를 어루만져 보자. 그동안 가슴을 졸이던 개똥마을의 수호신 당산나무도 어디 보자. 박씨네 조상의 묘 앞에서 옛날처럼 공중잽이 하고 기마전도 재연해 보면서 서로의 안부 나누며 전설을 얘기하자. 윗동네 아랫동네 남녀노소 다 모여 잔치 한판 벌이자.

다시 꿈꾸는 마을, 개똥마을 위기에서 절치부심하던 내 고향 하느멀이 이제 평온을 되찾아 거대한 꿈을 꾸기 시작한다. 마을 사람들은 그동안의 악몽에 다시는 이런 일이 없어야한다면서 애써 덤덤한 표정으로 농기구랑 살림살이 이것저것 매만지며 결연한 의지를 보인다. 그렇다. 다윗과 골리앗 싸움이었다고나 할까. 타동네 사람들은 걱정스런 눈으로 바라만 봤으나 하느멀 사람들은 죽을 각오로 싸웠다. 2년여 동안 협박과 회유, 갖은 음모와 중상모략을 평범한 상식으로 맞서서 싸웠던 것이다. 그리고 이겼다.

장수는 어떤 경우라도 갑옷을 벗지 않는 법이다. 사공은 어떤 경우라도 삿대를 놓쳐서는 안 된다. 장수가 옷을 벗으면 병사들은 우왕좌왕할 것이고, 사공이 삿대를 놓아버리면 배가 풍랑에 뒤집히기 때문이다. 하느멀에는 용감한 장수, 지혜로운 덕장이 있었다. 그도 어언 50 줄이지만 마을 이장으로서 사사로운 일에 혹하지 않고, 조롱이나 어떤 위협에도 굴하지 않으면서 행정, 사법(민사) 소송에서 1,2심 모두 승리를 이끌어냈다.

박용섭 이장은 투사가 아니다. 평범한 농사꾼일 뿐이며, 시골에서 축산업을 하는 영농사업가일 뿐이다. 그러나 그는 대대로 태어나고 자란 태의 무덤이 어떤 외지인에 의해서 처참히 부서지는 것에 분노하며 외적과 맞서게 되었다. 이름 하여 개사육장, 개사육장은 일반적인 가축 개념이 아니라 대단위 실험용동물사육장으로써 환경파괴는 물론 오염과 질병에 노출되는 등 부작용을 무시한 처사였던 바, 이는 某 상장기업이 주민의 불편 따위 안중에도 없이 무모하게 공사를 시행한 데서 벌어진 일이다. (개똥마을 상 참조)

대지 1만평, 연면적 5천 평(20동), 6천 마리 개들이 백 미터 지근거리에서 밤낮없이 짖어댄다면 어찌 되는가. 그야말로 하느마을(天村)은 사람들이 사는 전형적인 동네가 아니라 개들의 사생활 천국이 되는 것은 뻔한 일이다. 그리하여 주민과 출향민들이 목을 걸다시피 죽기 살기로 저항했으며, 집단이기주의 행동이라는 누명을 뒤집어쓰면서까지 시행사 상대로 전쟁을 선포했던 것이다.

싸움은 군사전쟁을 방불케 했다. 상대방은 국내 유명 로펌 소속 변호사 셋을 대리인으로 고용하고, 우리도 2인의 변호사를 선임했으며, 유리한 소송(행정, 사법)을 위해서 첩보, 정보, 증인 등 방대한 증거 수집은 물론 당국에 수차례 진정과 탄원을 냈다. 그리고 1,2심 거치는 동안 민심의 갈등과 분열 소송비용 등 우여곡절도 많았으나 그때마다 대책회의를 통해서 민심의 동요를 설득하고 십시일반 모금으로 고비를 넘기곤 했다. 하지만 박용섭 이장님의 헌신적인 노력과 경제적인 도움(소까지 팔아서) 없이는 불가능한 일이었다고 이구동성 말을 한다.

꿈만 같다. 처음부터 죽을 각오로 시작한 것은 아니지만 역사에 죄 짓는 것만 같아서 도저히 물러설 수가 없었다. 온 몸을 던져서라도 고향은 지켜야 한다고 생각했다. 그리하여 조상에 대한 불효는 조금이나마 덜게 됐으며, 후세에게도 떳떳하고 당당한 영혼의 보금자리를 고스란히 물려줄 수 있게 되었다. 이제 누가 뭐래도 하느마을은 개똥마을이 아니다. 비록 천수답에 목을 대고 살지만 경제에 눈이 어두워 막돼먹지는 않는다.

하느멀은 영원하다. 터 위의 나무들도, 짐승들과 사람들도 다 번성하며 멀리멀리 퍼져갈 것이다. 모든 생명들이 건강하게 무럭무럭 자라서 대대로 행복을 만들어갈 것이다. 그동안 마음고생 생각하면, 당장 따귀라도 한 대 붙여대고 싶지마는 하느멀의 이름으로 용서하는 바다.

명사특강

뒹구는 낙엽을 보며 인생의 회한을 느낀다. 어떤 시인들은 만추의 낭만으로 노래하지만 나이 먹은 탓인지 요즘 와서 인생이 짧다는 생각이다. 물론 어느 땐 짧은 것 같은데 사실은 지루하게 느껴질 때도 있다. 살면서 애절한 사연 하나 없이 사는 사람이 어디 있을까마는 더러는 종잡을 수 없는 구름처럼 갰다 흐렸다 반복하며 사는 게 인생 아닐까.

밥은 굶어도 희망은 굶지 마라.

행복전도사 ch가 한 말이다. 그녀는 방송인이다. sbs 행복특강 그리고 kbs 명사특강이라는 교양 프로그램에서 행복을 강의하는 스타강사였다. 여성의 행복과 희망을 디자인하는 행복 멘토로서 부부관계와 사회문제 등에 대한 자기의 확고한 견해를 밝혔던 엘리트 여성이었다.

그녀가 자살하다니, 자살이 믿기지도 않지만 충격이다. 다른 사람도 아닌 그녀의 극단적인 선택이 도무지 이해할 수 없는 일이기 때문이다. 뼛속까지 찾아든 지병에 무너져버린 그녀의 행복바이러스는 이 시대의 진정한 행복이 뭘까 하는 또 다른 화두를 남기고 갔다. '별 것 아닌 것에 감사하며, 별 것 아닌 일에 웃자'고 하더니 이렇게 엉터리 특강으로 애먼 사람들에게 허탈함과 아쉬움을 주고 떠날 줄이야…

산다는 것은, 하고 싶은 일을 할 수가 있어서 좋다. 사랑하는 사람이 생겨서 더욱 즐겁고 엄마 혹은 아빠가 될 수 있으니까 참으로 감사하다. 그러나 살다보면 부딪치는 일이 너무 많다. 좋은 일보다 우울하고 힘든 일들이 훨씬 많아서 고달프다고 푸념을 한다. 그래서 이성을 잃고 방황하게 되며 정말로 죽고 싶은 때가 문뜩 있다.

그렇지만 우린 살아야한다. 우리 앞에 어떤 시련이 닥치더라도 좀 더 끈기 있게 살아서 생명의 가치에 대한 보답을 해야 한다. 우리에게는 죽고 싶다고 해서 죽을 권리는 없다. 누가 뭐래도 이 세상에 생명을 내놓으신 절대자만 할 수 있는 권한이기 때문이다. 생명에는 권리가 있고 의무도 있기에 스스로 죽음을 선택하는 것은 무모한 짓일 뿐만 아니라 죄를 짓는 거라고 생각한다.

정부 통계에 의하면 1년에 1만4천 명 정도가 자살 한다고 한다. 대충 하루 40여명이 세상을 떠나는 셈인데, 그만큼 비관적이고 충동적이며 따라서 죽음을 선택할 만큼 최악의 딜레마에 빠졌다고 볼 수 있다. 과연 무엇이 그들을 죽음으로 내몰고 있는가. 그리고 누가 그들에게 인간다운 삶을 보장해 줄 것인지 복지사회를 지향하는 우리가 다 같이 생각해 봐야할 문제다.

솔직히 말해서 모든 것을 정부에 요구하거나 의존할 수만도 없다. 그러다 보니까 상대적으로 약이 오르고 혈압도 높아진다. 어느 사회고간에 혈압이 높아질수록 합병증의 위험에 노출된다. 이슥고 불안감이 퍼지거나 커지면 행복사회는 더 멀어지고 마는 법, 때문에 서로 고통을 분담하는 마음가짐이 필요하지만 이에 익숙하지 않아서 사회가 긴장하게 된다.

모 병원에서 술에 취한 여자가 병원 직원을 폭행하고 막무가내 난동을 부리자 경찰이 와서 지구대로 이동하던 중 여성경찰관 얼굴에다 침을 뱉고 왼쪽 귀 윗부분 약 1,5cm 가량 입으로 물어뜯어서 상처를 입혔다고 한다. 참 어이가 없는 일이다. 아무리 독하지 않으면 살기가 힘들다 하지만 술로, 깡으로 버틴다고 될 일인가.

세상에는 걸림돌과 디딤돌이 존재한다. 혹여 나와는 아무상관이 없는 장애물이라 하더라도 불편한 것들을 걷어내면서 다른 사람들에게도 길을 터준다. 그것이 행복전도사의 덕목이다. 사회가 아무리 각박해도 그런 선행이 조금은 있기에 우울한 세상도 긍정적으로 보는 이유며 꿈을 실현할 수 있다고 기대한다. 꿈이란 얻는 것에서만 실현되는 것이 아니라 버리는 데서도 구현된다는 사실을 간과하지 말았으면 좋겠다.

무인가족

요즘 '무인가족'이란 말이 공공연하다. 가정은 있으나 가족이 없다는 말일 텐데, 이는 가정의 해체를 의미하는 말 같아서 매우 위험하고 위협적이며 도전적인 느낌을 받는다. 가족은 어떤 경우라도 깨지지 않는 구성원이며 신뢰와 사랑으로 다져진 공동체다. 그럼에도 불구하고 부모는 부모대로 자식은 자식들대로 연대의식이 삐걱대거나 뿔뿔이 제 각각이라면 그 가정은 망했다고 봐야한다.

요즘 아버지 수난시대다. 아버지는 가족을 위해서 일생을 바쳐도 당연하다는 듯이 오히려 다른 가장과 비교대상이 돼서 존재감마저 흔들리는 판이다. 그래서 세상의 아버지는 추락하는 이름으로 고달프게 살아간다. 은퇴를 했거나 사업에 실패하고 길을 잃은 아버지들, 이젠 돌아갈 수 없고 쉴 곳조차 없다. 벌건 대낮에 가방 하나 달랑 메고 산으로 혹은 강가에서 왕년의 관록을 낚싯줄에다 띄우고 하염없이 당겼다 풀었다 헛손질을 반복하는 처지다.

어깨에 힘이 빠지고 고개 숙인 이 땅의 아버지를 누가 위로해 줄 것인가. 나는 진심으로 아버지들의 권위가 회복되기를 바란다. 그렇다고 해서 옛날처럼 군사독재 같은 가부장의 힘을 말하는 것이 아니라 끝없이 추락하는 '아버지'라는 이름에 격려를 보내고 싶은 마음이다. 아버지는 가장이다. 아버지는 절대로 갑옷을 벗지 않는 장수다. 거센 파도 앞에서도 깊은 바다를 응시하며 식구들의 꿈을 건져내신다. 그리고 아버지는 어떠한 위험 앞에서도 도망치지 않는다.

등뼈를 던져주시고, 내어주신 그 뼈마디가 당연한 것처럼 우리는 알았지만 정녕코 아버지는 자기 자신만을 위해서 살지 않았다. 진정한 가족의 의미에 더 충실하면서 뼈가 으스러지도록 독하게 사신 분이다. 그러므로 세상이 아무리 변한다 해도 이 땅에서 아버지를 잃어서는 안 될 일이다. 나와 내 가족과 인류의 번영을 위하여 용기 잃은 아버지에게 삼삼 칠 박자 박수를 힘차게 치는 바다.

아버지는
저 깊은 데로부터
건져내시는 기다림으로 사셨다

식구들은 늘 두근거렸지
희망과 기쁜 선물도 주셨기에

그리고
최후의 순간 등뼈까지 내놓으셨다 (졸시 : 가시고기 전문)

망우고개

망우 동네는 상봉역에서 지근거리다. 걸어서 가도 그만 버스나 기차를 타도 그만이다. 태조 이성계가 건국을 마치고 무학, 하륜 등으로 하여금 자신의 묏자리를 물색케 했다고 한다. 그리하여 태조가 환궁하는 길에 지금의 망우고개에 올라서서 자신의 묏자리를 보고 '이제야 근심을 잊게 됐다. 한데서 이름이 유래되었다고 한다.

'망우리' 하면 공동묘지를 떠올리게 된다. 서울시와 구리시 경계를 이루는 망우고개에 공동묘지가 있다. 잔잔한 능선마다 한 시대를 풍미했던 박인환(시인) 한용운(시인) 이중섭(화가) 지석영(국어학자) 방정환(아동문학가) 장덕수(정치가) 조봉암(정치가) 등 인사들이 고이 수를 누린다. 삼국시대 땐 군사적 격전지였다고 한다. 능선과 봉우리 요새지역마다에는 군사유물들의 흔적이 남아 있으며, 아차산과 용마산으로 이어지는 사방팔방 시계가 확 트인 서울 명산이다.

이승과 저승이 공존하는 고개, 망우동(서울시)과 교문동(구리시)을 잇는 국도 6호선이 통과한다. 그런데 망우동 사람들은 당장 이미지 개선이 급선무라고 생각한 듯하다. 망우고개가 아무리 발전해도 구태의 이미지를 지울 수가 없다는 것이다. 그리하여 서울시 자치구(중랑구)에서 고급 캠핑장과 산책로, 수목원 등 시민공원을 조성했으며, 도로 명까지 '망우로' 대신 '왕산로'로 바꿔줄 것을 요구하는 터다.

나는 친구와 함께 상봉역에서 전철을 탔다. 친구는 약 700미터 10분 거리라며 다리 성할 때 부지런히 걷자고 했으나 내가 고집을 부려서 전철을 타게 됐다. 망우역은 중앙선과 경춘선 두 역을 연결시켜 놓은 한 지붕으로 되어 있다. 밖으로 나오자마자 역 주변 동네가 변방 느낌이 들 정도로 나지막한 산자락에 가려져 있다.

능선에 오르자 호박넝쿨처럼 생긴 집 몇 채가 있다. 그중에서 능선의 첫머리 집 구닥다리 대문을 들어서니 50 중반은 됐지 싶은 보신탕집 주인아주머니가 선풍기를 틀어주며 우리를 반가이 맞는다. 딱 보니 예삿 분은 아닌 거 같기에 보신탕 시켜놓고 농을 걸자 아니 다를까. 아주머니께서 거침없이 받아치신다.

Q : 아주머니, 컹컹이 좋습니까? 꽥꽥이가 좋습니까?

A : 내가 그걸 어떻게 말로 해요? 궁금하시면 일단 잡셔보셔요!

Q : 주인아저씨는 뭘 좋아 하시는 데요?

A : 컹컹이 먹은 날은요 뒤로 들어와서 컹컹하다 금새 꽁무니 내리구요, 꽥꽥이 먹으면요 앞으로 슬금슬금 들어와

서 머리를 꽥꽥 흔들어요.

Q : 꽥꽥이랑 컹컹이랑 함께 먹으면, 뒤에서도 앞에서도 ㅋㅋ 죽여주겠네요!

포식한 죄다. 농감을 섞고 나서 숨을 골라내며 친구랑 나는 버스 탈 요량으로 고개를 내려왔다. 오면서 '인생은 짧게 살더라도 행복하게 살아야한다.' 아니다. '좀 고생이 되더라도 길게 사는 것이 낫다.' 서로 팽팽한 주장을 폈다. 다 일리가 있는 말이라서 얼른 판가름할 수는 없지만 누구나 오래 살고 싶은 거고, 누구나 행복하게 살고 싶은 것이 인지상정 아닌가. 만약에 우리가 바라는 대로 항상 웃으면서 오래 살 수만 있다면 삶의 방식에 대해서 굳이 다투지 않아도 될 일이다.

이승이 좋은지 저승이 나은지는 아무도 모른다. 태조 이성계는 일국의 왕으로서 부족함이 없는 존재였다. 그러나 그도 한 가지 두려운 것은 저승인 듯하다. 오래 살고 싶다고 해서 바라는 대로 살수는 없을 텐데, 그가 말한 대로 사는 날까지 근심을 덜고 산다는 것. 그것이 제일 잘 나가는 명품행복 아닐까.

두만강 푸른 물에

나라가 망하면 백성은 피폐하고 힘없는 여성과 아이가 가장 큰 고통에 노출된다. 굶주린 백성은 죽기 살기로 식량을 찾아 국경을 넘거나 혹은 넘어서도 여성과 아이들은 깡통을 차고 유랑하기 일쑤다. 짐승처럼 밭작물(옥수수 고구마 등) 아니면 토끼풀이라도 뜯어 먹어야 살겠기에 부황이 든 몸으로 쫓기는 신세가 된다. 그래서 지금 두만강 푸른 물에는 도망자의 분노와 쫓는 자의 혈안이 긴장 속에 흐른다.

산업과 경제가 무너진 북한 주민들의 실상이 바로 그렇다. 더 이상 꿈도 없고, 희망마저 기대할 곳이 없는 듯하다. 저들은 체제 유지를 위해서 별별 방법으로 숨기고 단속을 하지만 갈수록 국가 붕괴에 막대한 위협이 되는 정도로 주민들의 사생활이 적나라하게 드러나는 상황이다. 일설에 의하면, 현실에 급급한 나머지 해마다 늘어나는 가뭄이나 홍수 같은 자연재해에 대한 대책을 생각할 수조차 없는 처지다 보니 그로 인해서 가난과 질병 따위로 고통을 받는 주민들이 헤아릴 수 없을 정도라고 한다.

지금 두만강 주변의 국경지대는 죽음을 각오하고 강을 건너는 탈북주민들이 밤낮 계속된다. 100m 간격으로 줄지어 있는 초소의 감시망을 뚫고 넘어온 주민들이 지금까지 20만 이상으로 추산되며, 그들은 한국이나 미국 기타 태국 인도네시아 필리핀 등 국가에서 살기를 원하지만 그 꿈이 실현되는 동안 근근이 숨어 지내며 유랑생활을 하는 처지다. 그리고 탈북자 중에는 부녀자와 어린 아이들이 상당수라 한다. 이른바, 그들은 변방의 도시 뒷골목을 배회하며 부랑아 소굴에서 위험하게 목숨을 이어가는 꽃제비들인 것이다.

"꽃제비가 뭐예요?" (외손자가 묻는다.)

"글쎄다. 잘은 모르지만 강남 갔던 제비가 봄이 돼서 남쪽을 찾는 것처럼 가난 때문에 가출한 떠돌이 소년소녀와 아이를 일컫는 북한말인 듯싶다. 그 아이들은 부모가 없거나, 있지만 탈북 과정에서 붙잡혀 죽었던지 흩어져 혼자 됐던지, 대개 그런 사연의 고아들이다." (내가 말했다.)

"그럼 혼자서 어떻게 살죠?" (고놈이 다시 묻는다.)

"그야 고생이 이만저만 아니지. 같은 처지에 놓인 지들끼리 국경선 부근 농촌과 도시에 숨어 살면서 껌팔이도 하고, 동냥을 하거나 도둑질도 하지. 큰 형(靑제비)들은 우범지역을 떠돌며 범죄 집단을 만들어 폭력과 마약 또는 도박에 빠지기 일쑤고, 누나들은 성매매 대상이 돼서 위스키 한 병 값에 혹은 개 값으로 이를 테면 중국인 王씨에게, 또 鄭씨에게, 다시 胡씨에게 성노예로 팔려 다니기도 한다는구나." (나는 또 대답해

줬다.)

"그럼 도망치면 되잖아요?" (고놈이 또 묻는다.)

"그럴 수가 없단다. 범죄단의 감시가 워낙 심하기 때문이다. 만약, 도망치다 걸리면 무서운 보복으로 걷잡을 수 없이 응징하기 때문이지. 그들은 이미 인간이길 포기한 불한당들이라서 그들만의 방식 외에는 통하지 않거든." (나는 조심스레 대답했다.)

"무서워요. 나쁜 사람 되는 거잖아요?" (고놈이 다시 또 묻는다.)

"그렇단다. 굶주림에 내몰린 그들은 강제송환의 공포 속에서 정처 없이 산다. 목숨을 걸고 두만강 건너 왔지만 이제 국경선의 부랑아 처지로서 되돌아 갈 곳마저 없다. 오직 부자의 희망도 없고 절망뿐이다. 다행히 한국이나 다른 나라에서 기적을 일구고 사는 동료들이 간혹 있기야 하지만 정작 자신에게는 갈수록 먼 이야기 같다며 삶을 포기하는 탈북주민들이 많다고 한다." (나는 나직이 말해줬다.)

참 슬픈 일이다. 아직도 전쟁이 계속 되고 있다는 거가 정말 가슴 아프다. 따라서 이 땅에 평화가 없는 한 가난도 끝이 없다고 생각하니까 자괴감이 생긴다. 하지만 그런데도 불구하고 우리나라는 경제적인 성장으로 백만 이상의 이방인들이 사는 다문화국가다. 그중 탈북 새터민 가족만도 수만이 넘는다. 그들이 중국에서 인신매매조직에게 당했던 그간 고초를 들어보면 같은 동포로서 공분을 느끼지 않을 수가 없는 정도다. (쳐 죽일 놈들!)

국경선 변에는 도망자의 절규와 쫓는 자의 매서운 눈빛이 두만강 따라서 흐르고 있다. 꽃제비와 靑제비 그리고 老제비들은 목숨까지 걸고 강을 건너 왔지만 또 언제 잡혀갈 지는 아무도 모른다. 그들은 궁핍에 내몰린 사람들이다. 어딘들 이보다야 낫겠지 하는 기대를 가지고 죽을 각오로 탈북자란 오명까지 뒤집어쓰고서 도망자 처지가 됐다.

인류의 고귀한 가치는 자유다. 그리고 평화다. 인류에게 가장 두려운 존재는 굶주림이다. 그리고 전쟁이다. 과거는 누구나 있으며, 아픈 추억도 조금씩은 가지고 있다. 때문에 사랑과 눈물은 서로 공유되어야 하는 이유다. 12월은 자선의 달이다. 따뜻한 마음으로 어려운 처지에 놓인 사람들을 위로하고 돌봐주는 선행이 번지길 기대한다.

어디 사느냐 묻지 마세요
왜 가느냐고 묻지 마세요

저 산 넘어
자 강 건너

서로 미워하지 않고 서로 의심하지 않고
서로 빼앗지도 않고 서로 다투지도 않고

추워도 춥지 않고 더워도 덥지 아니한
울타리 치지 않은 자유로운 춤의 나라
간섭받지 않고도 잘 사는 노래의 나라

사랑을 찾아 춤추고 있어요
낭만을 찾아서 가고 있어요
행복을 찾아서 날고 있어요 (졸시 : 탈북 새 전문)

도쿄가 운다

세상에는 범상치 않은 일들이 생기곤 한다. 이른바 '3월의 블랙홀' 같은 거다. 일본 도쿄 북동쪽 해안(미야기, 니기타, 나가노) 지역에서 진도 9,0 강진이 발생하여 공포의 상황이 됐다. 10m 넘는 쓰나미가 해안선을 범람하여 도로, 항만, 철도, 공항 그리고 공장과 마을을 덮쳤다. 수만의 인명이 죽고 실종되었으며 자동차, 정유, 철강공장까지 초토화시켰다.

나는 시커먼 바닷물이 휩쓸고 돌진하는 광란의 모습을 보고서 두려움과 참담함을 느꼈다. 선박과 자동차 그리고 집들이 물에 떠밀려 곤두박질하는 처절한 광경에 넋을 잃었고, 옆에서 지켜보던 아내가 내 손을 꽉 붙잡은 채로 부들부들 떤다. 하지만 어쩌란 말인가. 비로소 나는 우리 인간이 자연의 노여움에 얼마나 나약한 존재인가 알게 됐다.

설상가상이라고나 할까. 원전가스폭발로 방사능물질이 일부 수돗물과 농작물에서 검출되는 바람에 일본은 지대한 타격을 받게 됐으며, 도저히 헤쳐 나갈 엄두조차 못 내고 전 방위적인 어려움에 처했다. 사고발생 보름이 지난 즘에야 원전은 어느 정도 수습이 되는 것 같지만 이미 방사성물질이 유출됐거나 유출되고 있는 상황이라서 두려움이 크다고 한다.

우리는 체르노빌 원전 4호기사고 사건('86)을 잊을 수가 없다. 폭발 후 10일 동안 방사성물질이 다량으로 기류를 타고 공기 중에 분출 되었다. 그때 방출된 방사성물질은 일본 히로시마에 투하된 원자폭탄의 약 400배 위력을 가졌다 한다. 방사성 낙진이 주변의 15만 제곱킬로미터에 이르는 영역을 오염 시켰으며, 주민 20만 정도가 백혈병, 유방암, 갑상선암 등으로 사망했다.

물론 후쿠시마 원전사고에서 유출되는 방사능 물질은 바람의 방향에 따라서 피해가 달라진다고 한다. 다행히 우리나라는 편서풍 때문에 그 위험이 작다고 하지만 만에 하나 역풍이라도 불어 닥치면 큰일이기에 주시하지 않을 수 없는 노릇이다. 일본과 가장 가까운 우리나라가 어쨌든 가장 불리하다고 봐야하기 때문이다.

지금 도쿄에 눈이 내린다. 바람과 비까지 뿌린다고 한다. 집과 재산을 다 떠내려 보내고, 가족들조차 흩어진 이재민들의 눈물에 도쿄가 흐느끼고 있다. 갈 곳마저 잃어버린 시민들은 정부가 마련한 수용소에서 새우잠을 자지만 어디론가 떠나기 위해서 버스나 기차역에 긴 꼬리를 잇대고 몇 시간 동안 아니, 온종일 추위와 굶주림을 견디며 기다리는 이들도 있다.

그런 그들을 우리가 왜인(倭人)이라고 불렀다. '쪽바리'라고도 했다. 물론 슬픈 역사관계를 생각하면 공분하는 바가 크지만 일본인들은 절망하지 않고 퍼졌다가 다시 모아지는 물방울처럼 대단한 민족임을 보여줬다. 우왕좌왕하거나 마구 사재기를 하지도 않았다. 불편을 참고 유언비어에 혹하지도 않았다.

그런데, 중국시장에서는 소금이 불티나게 팔렸다고 한다. 방사능 물질이 오염되기 전에 만들어진 소금을 확보하기 위해서다. 우리나라 시장도 만찬가지다. 일본산 상추나 시금치 등 각종 식료품이 동날 지경이라고 한다. 뿐만 아니라 분유나 견과류까지도 난리법석이었다 한다.

'할아버지, 엄마두요, 이모네 애기 줄 거라며 마트에서 귀저기를 싹쓸이 했대요!'(孫)

'뭐, 싹쓸이? 우리나라 귀저기도 좋은 거 많을 텐데 하필 일본 것을 왜 샀다니?'(祖)

어이가 없다. 아무리 생각해도 정신이 돌았나 싶다. 이웃동네에서는 줄초상인데 사재기야말로 각설이 같은 풍경 아닌가. 올해 춘삼월은 눈이 설 녹은 산등성이처럼 차갑고 등이 시리다. 좀 잊을 만하면 화산이 터지고, 좀 조용하다 싶으면 지진이 일어나서 못살게 군다. 그래서 일본인들은 동해에 떠있는 조막만한 애먼 돌 하나가 자기네 땅 죽도라고 우겨대는지도 모르겠다. 지금 도쿄가 운다.

소리의 고향

음악이 나를 춤추게 한다. 공중파방송채널이 늘어나고부터 각 채널마다 음악프로가 봇물을 이루기 때문이다. 유명가수들이야 말할 거 없지만 음지에서 활동하던 이름 모른 가수들이 뒤늦게 빛을 보는 기회가 많아 졌으며 신인 가수들의 등용문이 활짝 열렸다. 그리하여 어느 때보다 나 같은 음치도 감동적인 음악을 접하게 됨으로써 공감의 힘을 느낀다.

그러나 우리의 소리는 정작 설 곳을 잃게 되고 존재감마저 모호해 우리 곁에서 사라질 판이다. 어딜 가나 노래방은 쪽방촌처럼 다닥다닥 붙어있다시피 하는데 우리 소리마당은 눈을 씻고 봐도 보이지 않는다.

예컨대, 소리(민요)란 감정을 표현하고 의미를 전달하기 위한 리듬으로 장구한 세월 동안 민족의 동질성을 형성해 왔다. 우리의 '소리' 예술은 샤머니즘 정신으로 농경생활의 질서와 고충을 다스리면서 쌓이고 싸여진 한(恨)을 소리에 얹혀 품어 왔던 것이다. 그것이 오늘날 전통 민요이며 국악이다.

그런데도 우리 민요는 역사의 질곡마다 멸시당해 왔다. 저 멀리까지는 접어두고라도 일제하에서 그들의 민족말살 정책에 의한 억압으로 우리의 가락마저 업신여김을 당하고 왜색조로 변절되어 왔다. 그리고 해방 후 서양문물이 무분별하게 수입되어 오늘날 민요나 국악은 뒷전에 있으며 노래방에서조차도 불러지지 않고 있는 실정이다.

우리 가락이 이처럼 홀대를 당하다니, 춘향이 역사에서 사라지고 홍보가 기막힐 정도로 전통문화의 얼과 혼마저 빼앗겨 버리지나 않을지 걱정이다.

민요나 국악은 우리 문화유산이다. 보존의무는 변명의 여지조차 없다. 그간 소실되었거나 아니면 빼앗겼거나 혹여 숨어 있는 것은 우리의 무관심에서 생긴 과오다.

우리 소리예술의 존폐는 의지에 달렸다고 봐야한다. 좋은 역사를 만들어 가는 것도 중요하지만 역사 속에 파묻힌 문화적 유산을 캐내는 작업도 우리가 해야 하는 중요한 과업이라고 생각한다.

이제라도 뺐긴 것은 되찾고 잃은 것은 발굴해서 애정이 담긴 마음으로 계승 발전시켜야 한다. 우리 것은 우리에게 딱 맞는 참 좋은 것이기 때문이다.

초가을
무서리에 젖은 굴뚝새

사랑이 그리워서일까
까맣게 타버린 가슴이네
짹짹짹

새벽부터
슬픈 부리를 온기에 녹이며
봉창을 흔들어 농심 깨우네 (천년의 소리 1-굴뚝새 전문)

항아리
사이소

옹기 사이소
좋기 사이소

천년의 소리에
마님의 곧은 절개 무너지네 (천년의 소리 3-항아리 사이소 전문)

새옹지마(塞翁之馬)

내가 문인으로서 한국문단에 이름을 걸어놓은 지 어언 20년이다. 처음엔 제도권 주변을 맴돌며 유명작가들로부터 눈도장을 받기 위해서 행사 때마다 지방이고 서울이고 마다하지 않았다. 하지만 얼마 후에 문인들 중에는 창작은 소홀히 하면서 문단활동에 관심을 가진 작가와 창작활동을 열심히 하는 대신 문단활동에는 소극적인 작가 층으로 갈라져 있음을 알게 됐다.

한국문인협회의 고질적인 병폐 중 하나가 인의 장벽이다. 국가로부터 각종 지원과 1만2천여 회원으로 구성된 방대한 단체지만 회전문식 인맥으로 조직이 좌지우지 운영되다보니까 자연 그 얼굴이 그 얼굴인 데다 선거 때마다 고소 고발이 난무하는 불복 사례가 왕왕 벌어지고 있다. 하여간, 나 같은 조무래기들은 끼어들 틈이 없는 게 문제고, 작가가 제대로 글은 쓰지 않으면서 자리에만 연연하거나 감투를 탐하는 일부 사이비작가 내지 아류작가들 때문에 문제다.

나는 8년 동안 지역연고를 두지 않은 문학단체에서 장르를 넘나들며 다작을 발표했다. 동시 다발적 빵빵이 방식으로 돌아가며 발표했는가 하면, M, H 두 문예지에 연작발표까지 하는 등 감히 신인으로서 과욕을 보였던 것이다. 하지만 그럴수록 경제적 부담과 지나친 열정적 과소비로 말미암아 문학세계에 대한 동경과 신비감이 벗겨지면서 허탈감이 생기고 뜻하지 않았던 권태기를 맞게 됐다.

나의 문학적 제2 사춘기는 광진문협의 회원이 되면서부터다. '03년 3월21일 광진구 내 문인 38명과 함께 창립회원이 됐다. 그리하여 나에게 비로소 문학적 통증을 힐링할 수 있는 기회가 되었으며, 과거 몸담았던 단체뿐만 아니라 문인들과도 거의 두절하고 광진문협에만 잇대어 의기투합했다.

어디 나 뿐이랴. 창립 멤버 모두가 한마음 한 몸이 돼서 거듭할수록 회원 수도 늘고, 시화전 낭송회 문학기행 등 종합문학지도 발간하게 되었으며, 구청으로부터 사무실과 도서출판 문화비용까지 지원을 받기에 이르렀다. 그러나 호사다마라고나 할까. 조직의 틀이 제대로 잡혀가자 자연 의견들이 분분해지고 고놈의 감투가 문제였다.

초대 2대 회장선거는 단일 추대형식이었으나 3대 회장선거에서 완전 경선제도가 도입되는 바람에 상호 격한 공방과 급조된 거수기 회원들의 난립으로 총회가 보이콧 되는 등 선거판 자체가 정치깡패 용팔이 사건을 방불케 하는 아수라장이었다. 결국은 이사회에서 비상대책위원회에서 후보자기부금 공탁(1백만원) 선거법을 만들어 선거관위원회로 하여금 선거를 치르도록 하였다.

돌이켜보면 아쉬움이 남는다. 선거에 패해서 좋을 리가 없고 이겼다하여 행복한 것만도 아닐 터인데, 본인이 당시 비상대책선거관리위원장으로서 막판까지 합의추대의 타협점을 만들지 못한게 내내 아쉽고, 또한 선거가 끝난 직후 화합을 위하여 승자가 패자를 위로하고 화해하도록 간곡히 시도하였으나 부덕의 탓인지 그조차 실패로 말미암아서 지금도 부끄럽게 여긴다.

4대 5대 때도 질곡은 있었다. 어떤 이들은 역사를 집나간 탕아에 비유하거나 형제의 난으로 왜곡하고 본질을 훼손하는 경우도 있을 것이나 이해의 부족으로 생긴 오해일 거라고 생각한다. 5년이 흘렀다. 우리가 화해하고 통합하는데 걸린 시간이다. 어찌 보면 물처럼 흐른 거 같기도 하고, 돌처럼 굴러서 더디 온 듯도 싶지만 혹여나 문협을 만들고 세운 사람들이 함부로 애정을 버릴 수 있을까.

솔직히 말해서 틈새의 낭만을 즐겨볼 사이조차 없이 서로가 마음 편치는 않았을 것이다. 분노나 미움으로 첫사랑 같은 그리움을 막을 수도 없었을 것이다. 어떤 이들은 참 행복해 보인다고 말하지만 천만에, 누구나 말 못하는 어두움 한자락 이상은 깔고 산다. 더러는 말할 수 없는 아픔을 감추고 사는 사람도 있었을 것이다.

우리는 우리가 연인이라는 것을 안다. 만약, 우리가 다시 만날 수 없다면 그리움만으로 살 수가 없다는 것도 알기에 묻지도 말고 따지지도 말자면서 우린 크게 웃었다. 사랑한다. 미워하는 마음만큼 불행이 또 있으랴. 이제 어떤 경우라도 울부짖는 일이 없었으면 좋겠다. 작으나마 나로 하여금 모두가 마음이 편해졌으면 정말 좋겠다.

광진구 내 200여 단체 중에서, 그리고 8개 문화예술단체 중에서도 우리 광진문인협회가 가장 권위 있고 힘 있는 지역단체로 거듭나기를 기대한다. 희망을 남기고 떠나신 5대의 뒷모습과 새로운 희망을 만들어 주실 거 같은 6대의 앞모습이 참 보기 좋았다. 두 분 회장님의 온정적 통합덕치에 경의를 표하는 바다.

순수문학을 지향하는 등불

(웹북 2011 가을호 머릿글)

문학이란 일상적인 경험으로부터 얻어지거나 학습을 통한 사상과 감정이 언어로 묘사되는 예술이고 능력이다. 그리하여 문학은 아무 때나 쓰고 싶대서 써지는 것이 아니라 평소 가슴에 담아 뒀던 심상들이 어떤 계기를 통해서 문학적 재능으로 나타나는 것이다.

궁색한 변명일까. 독자들이 책으로부터 멀리하는 이유를 모르는 바 아니다. 별 소명의식 없이 쓰다보니까 글들이 까칠해 지고 내용마저 신변타령 일색이며 그다지 감동을 주지 못하는 까닭에 영리한 독자들의 눈을 피로하게 만든 탓이다. 그리고 인터넷의 영상매체가 활성화되면서 더 빠르고 편리한 다기능 스마트폰까지 나타나는 바람에 글은 점차 우리 곁에서 멀어지기 시작했다. 바야흐로 종이책보다 전자책이 급속히 확산되는 추세다.

'웹북'은 2003년 12월에 창간되었다. 종합문예지로 인터넷을 통한 순수문학의 채집과 기록이 그 목표이며 사명'(창간사에서)이라고 밝혔다. '소통하는 사람, 소통하는 문학'을 지향하며 지금까지 통권24호까지 오는 동안 회원 수만도 1천8백여 명이나 되고, 운영자의 강력한 리더십으로 세상과 통할 수 있는 카페를 개설하여 누구나 자유롭게 문학에 대한 열정과 정보를 공유할 수 있도록 했다. 그리고 창작에 유용한 교육프로그램과 문학상, 신인작가등용문도 열어 놨다. 하지만 아무리 완벽하다 하더라도 어딘가 보안할 점이 있을 것이며, 이는 부단히 챙겨야할 관심과 애정으로서 도약과 진화의 발판이 될 것이다.

웹북25호를 내면서 새로운 각오를 다져보는 바다. 예컨대, 초심을 잃으면 갈 곳이 없다고 한다. 우리는 처음 그 마음을 계승해야한다. 지금 내가 만든 길이 아닐지라도 창간사에서 이용환님이 말했던 거처럼 순수문학의 채집과 기록을 위하여 어떤 도전이나 역습 앞에서도 굴하지 않고 '시와 산문'의 정신을 이어가야한다. 튀어나온 못은 시샘의 대상이 돼서 두들겨 맞아 아프기 마련이다. 혹여 그렇더라도 정의의 편에 서서 흔들리지 않는 자존심으로 위풍당당해야한다.

조직의 발전은 마음이 한 곳으로 모아졌을 때 최대 역량이 생기는 법이다. 왜냐하면, 조직의 속성상 뭉치면 뭉쳐질수록 시너지효과가 크기 때문이다. 두 사람이 힘을 합치면 세 사람의 힘이 생기고, 세 사람이 모이면 다섯 사람의 몫까지도 발휘하는 이유다. 그래서 무엇보나 소식의 가상 강력한 전하부적은 연대의식이며, 공고한 친목과 끈끈한 유대라고 보는 것이다. 하지만 반대로 누구 하나가 삐딱하게 행동하거나 사사건건 이유를 달면 여지없이 괴력은 무너지고 만다.

글을 쓰는 사람들은 이 시대의 모든 이들에게 희망과 위로가 필요하다고 믿는다. 그것은 문학을 통해서다. 그러기 위해서 작가와 독자는 진심이 통하는 예술을 공유해야 한다. 현명한 독자가 유능한 작가를 만들어내고, 유능한 작가는 훌륭한 독자를 만든다고 생각하기 때문이다. 감히 말하는데, 인간과 사회의 사이에서 문학이 진실을 묘사해 줄 때 희망과 위로가 된다.

좋은 글은 왕도가 없다. 유능한 작가라고 해서 다 명작은 아니다. 글은 누구나 쓸 수 있지만 문학적 재능은 선천성이라기보다 노력이 10 중 9다. 혹여 문학에 대한 소질을 가지고 태어났다할지라도 열정과 노력 없이는 불가능하며 미치다시피 연습과 연습을 거듭하는 사람에게서 좋은 글이 나온다. 이는 마치 연금술과 같아서 부단하게 갈고 닦아야만 빛이 나고 날이 서는 것과 흡사하다. 우리는 이 같은 평범한 진리를 간과해서는 안 될 것이다.

세상에서 가장 바보는 현실에 안주하는 사람이다. 그런 사람은 정지된 화면을 보는 것과 같아서 고루하기 이를 데가 없다. 이른바, 개혁을 선호하는 사회일수록 인간으로 진화하지 못하면 실패한 인생일 수밖에 없다. 누구나 분명한 삶의 가치를 가지고 태어났기에 유유상종하며 성공을 지향한다. 문학으로 어두운 곳마다 치유하고 위로하는 밝은 세상을 기대하는 바다.

'웹북'은 순수문학으로 꾸준히 발전할 것이다. 다양한 사람들이 모여서 세상을 여는 작업이므로 때때로 이견과 충돌이 생길 수도 있지만 건전한 토론에 의한 해답으로 불의에 저항하며 정의에 앞장 설 것이다. 그리하여 언제나 세상을 환히 밝히는 등불이 되어 줄 것이다. 우리 다 함께 위대한 문학으로 세상을 바꾸자. 아자, 아자, 웹북!

웹북 2011 가을 통권25호

편집주간 정촌 김 동 기

궁민(國民)형님

젊다는 것은 인생의 가장 절정을 의미한다. 성향이 같거나 비슷한 사람들 끼리 연대가 쉽기 때문에 미래에 대한 예측이 가능하고 믿음과 신뢰야말로 매우 안정적인 성공의 자산이 된다.

오늘 어떤 젊은이가 '형님!' 하고 부른다. 그다지 친한 사이도 아니고 나이로 봐서는 아저씨라고 불러도 무방할듯한데 아마 그 청년은 내가 젊어보였던가 보다. 난 속으로 '자네가 손해 볼 낀데…'하면서 미소로 화답했다. '세월의 역전' 느낌 같다고나 할까. 내가 그 청년만큼 젊어지고, 대신 그는 나만큼이나 인생을 훌쩍 까먹은 것과 다름이 없기 때문이다.

'형님'이란 단어는 누구나 좋아하는 호칭 중 하나다. 듣기도 좋을 뿐만 아니라 부르기도 편하고 오랜 사이처럼 자꾸 친해지고 싶은 온기가 스며있기 때문이다. 그래서 누군가로부터 형님 소리를 들으면 매우 기분이 좋고 어떤 이에게 형님이라 부를 수만 있어도 행운이라는 생각이 든다.

40대가 우리 사회의 주역이다. 3공과 5공 사이에서 40대는 인생의 가장 알짜배기 가운데 토막이라고 볼 수 있다. 작금의 우리 사회가 백세장수시대라고 말하고 있지만 사실 60부터는 생물학적 나이에 지나지 않을 뿐이지 소극적인 삶이 시작되는 세대이기 때문이다. 따라서 인생이 짧다고 아쉬워하는 이유이며, 우리가 장수해도 반은 공짜인생으로 사는 셈이다.

40대는 자아실현을 위한 설계를 해야 한다. 청춘이 잠깐인 줄도 모르고 넋을 놓고 살다가는 코 다치는 경우가 생기기 십상이다. 노인복지란 젊음을 어떻게 살았느냐가 관건이다. 복지표를 많이 가지고 있는 노인만이 한가한 삶을 살 수 있으며, 늙고 혹여 병들면 복지가 훌륭한 후원자이기 때문이다.

40대의 기도는 참으로 절절하다. 현재 안고 있는 과중한 보따리도 보따리지만 가장으로서, 또는 남편으로서, 책임질 일이 너무나 많다. 자신뿐만 아니라 가족의 행복을 위해 본의 아니게 경쟁을 해야 하고, 경쟁하다가 보면 상처 받고 절망감에 자괴감이 생기기도 한다. 거리로 내몰리는 경우도 많다.

그처럼 녹록치 않은 현실에서 40대 세대들은 속으로 울음을 삭인다. 그러나 자기가 안고 있는 부담을 덜어내지 못하면서 겉으론 풍각쟁이 각설이처럼 웃어야만 한다. 그것이 인생이다. 내가 40즈음에는 청춘이 잠깐인 줄 몰랐다. 오늘날 아득히 멀어진 그 청춘을 바라보면서 노욕일까. 아, 아깝다 청춘! 가능하다면 궁민형님으로 남고 싶은 간절함이 크다.

우리가 예순 다섯 즈음에
도무지 알 수는 그 무엇이 되어서
지금의 마흔 살을 얘기할 때가 있으리라

불혹의 남자들은 야구를 좋아한다
불혹의 남자들은 축구도 좋아한다

던지는 공마다 내쳐서 지구 밖으로 날려 보내면
군중 속에 숨어 다니던 고독이 깨지고 부서진다
발목에 공하나 매달고 번개처럼 제쳐서
냅다 동그라미 속으로 차 넣을 때도

공감의 도가니에서
불혹의 남자들은 하고 싶은 말도 많다
불혹의 남자들은 숨기고 싶은 약속도 많다

사랑을 하지 않는 이가 있으랴
성공을 꿈꾸지 않는 이들이 있으랴
유혹의 바람 앞에서
불혹의 남자는 언제나 궁민(國民)형님으로 남는다

(졸시 : 불혹의 낭만 전문)

4부 겨울

인생이 나보고 얘기 좀 하잔다

바람이 부네

'바람' 하면 그냥 바람이려니 생각했다. 그러나 바람만한 낭만도 없다. 바람만한 눈물도 없고 바람만한 희열도 없다. 바람만한 만남과 이별도 없기에, 바람이 아니고서 누가 저 하찮고 이름 모를 풀잎들을 흔들어 춤추게 할 수 있을까. 바람은 꽃의 시련을 지우고 아픔도 씻어준다. 세상에서 가장 아름다운 美와 香의 절정으로 사랑과 이별의 오작교가 되어 준다. 아무래도 우리들은 바람에 떠밀려서 기쁨과 아픔으로 살아가는 이유일 것이다.

내내 영하 10도를 웃돌다. 요 며칠 풀리는가 싶더니 또 온종일 눈이 전국을 덮었다. 기상대에서 폭설주의보와 한파주의보까지 내린 상황이다. 어떤 이는 30년 만에 처음 폭설이라 하고, 또 어떤 이들은 10년 만에 찾아온 한파라고 한다. 근데, 구제역바이러스와 고병원성인플루엔자가 전국적으로 급속히 퍼져서 축산농가에 초비상이 걸렸다. 소와 돼지는 물론 닭, 오리가 천여만 마리 이상 살처분(생매장)하는 상황까지 왔다. 말이 그렇지 이는 축산업의 줄초상이며 국가적 재난이라고 봐야한다.

그렇다. 바람은 언제나 예고 없이 불어 닥치곤 한다. 항상 좋은 소식만 보듬고 오는 것이 아니라 나쁜 소식들도 몰고 온다. 그래서 한시라도 긴장의 끈을 놓을 수가 없다. 설상가상이라고나 할까. 뛰는 물가고 때문에 가난이 가난을 낳는 상대적 빈곤의 악순환이 계속된다. 정부에서는 서민경제에 총력을 기울인다고 하지만 늘 그런 식이었으므로 민심의 악화가 불 보듯 한데 바람은 언제쯤이나 흉흉한 민심을 잠재울지 문제다.

할아버지! (깍꿍-)

으응, 바람이 좋아서... (내 나이쯤엔 가끔 정신 줄 놓을 때가 있느니라)

孫 : 누구 기다리세요?

祖 : 아, 아니다. 그냥 하릴없이 지하철 입구를 쳐다보고 있었다.

孫 : ㅋㅋㅋ (할아버지 연애하나 보네.)

祖 : ㅎㅎㅎ(천만에, 난 그런 시절이 다 지났느니라)

할아버지 나 시방 바람 맞고 오는 중이예요.(孫) 뭐? 안 되지! 그런 건 지금 맞지 않아도 되는데 누가 벌써부터 바람을 놔?(祖) 별거 안예요. 짝꿍이 방학숙제 한 거 보여준다고 했거든요. 약속시간에 걔네 집까지 찾아 갔는데, 할머님만 계시잖아요. 지네 엄마랑 외숙모 병문안 갔다나 봐요.(孫) 아, 그래서 바람맞았다고 하는구나. 서운했겠네.(祖)

느닷없이 고놈이 나타나서 혼을 빼는 바람에 이야기 주제가 방향을 상실했다. 하여간, 이쯤 살다보면 누구나 바람이 들기도 하고 내기도 한다. 사랑에 속고 돈에 울고, 다 그렇고 그런 거지 하면서 자위해 보지만 자꾸 현실이 비웃는 거 같다. 정말이지 그런가 보다. 이상과 현실은 언제나 숨바꼭질하듯 하여 기쁨도 주지만 아픔도 준다.

나이 탓일까. 이즘에 와서는 허무뿐이다. 나뿐만 아니라 아내도 마찬가진가 보다. 아내는 딸들에게 전화 거는 게 일과이다시피 하고, 행여나 통화조차 못하는 경우가 되면 안절부절 어찌할 바를 모른다. 딸 셋이 번갈아서 말동무가 되거나 이따금 마트에 동행하기도 하여 그나마 아내는 다행이지만 나는 그도 저도 아닌 개털신세다.

아내의 수다는 나의 즐거움이 될 때가 많다. 아내가 통화중일 때 옆에 딱 붙어서 아내로부터 내용을 중계 받아 간접통화의 효과를 얻는다. 오늘 따라 막내딸이 자꾸 눈에 밟힌다. 물론 지정학적인 관계도 있지만 평소 나에게 꼬박꼬박 말대꾸 잘하고 의붓아버지 대하듯 하던 아이가 그래도 내 속마음을 헤아려 주은 깊은 구석이 있기 때문 아닌지.

설이 코앞이다. 사위랑 애들이 온다고 야단인데 아까부터 이상한 눈초리로 날 바라보는 아내의 입모양이 삐뚤빼뚤해졌다. 하지만 궁하면 통한다 했던가. 닥대목이 돼서 딸들이 괴기랑 반찬거리랑 과일을 고루고루 택배로 부쳐왔다. 그래서 올 명절은 그런대로 푸짐하게 보낼 수 있게 됐다.

억지를 부려도 나이는 먹고 세월은 간다. 기왕 먹고(나이) 사는 거 남의 눈치 안 보며 좀 내 멋대로 살아보고 싶다. 평범하게 살더라도 아무 두려움 없이 쉽하지 않게 살고 싶다. 바람은 늘 빈칸을 채운다. 모두의 희망이 되기에 나도 그 바람으로 살았으면 좋겠다.

70 먹은 나랑 ...

4월의 막바지에 아랫 지방은 눈이 쌓이고 서울은 냉기가 겨울 못지않다. 이런 경우를 늦봄이라고 한다. 늦봄은 들쑥날쑥 예측불허다. 어떤 이에게는 봄이 일찍 오고, 또 어떤 이는 늦게 맞이하는 경우도 있을 것이다.

나는 지금까지 봄이 모든 생명의 시작인 줄만 알았다. 그런데 끝도 있다는 것을 알았다. 봄은 이 세상 모든 이들에게 미소를 짓게 하지만 우울한 시련도 준다. 봄에도 사랑이 떠나는 이별이 있다는 걸 목련의 슬픈 모습을 보고 알게 됐다.

봄의 알레르기라고나 할까. 지금 목련이 지고 있다. 목련만 지는 것이 아니다. 밥맛도 뚝 떨어졌다. 밥맛이 없으니 몸이 나른해지고 맥이 빠져서 만사가 귀찮을 지경이다. 아마도 봄을 타는 게 아닌가 한다. 하지만 봄이란 알록달록 잘 포장된 눈깔사탕처럼 생겨서 봄을 기다린다.

괘씸한 일이 생겼다. TV에서, 요즘 '무서운 삼촌'들이 활개를 친다고 한다. 초등학교에서 매 맞는 아이를 대신하여 피해

학생 부모로부터 돈을 받고 때려준다는 것. 말하자면, 해결사인 셈인데 심한 경우 수업시간 교실에 들어가서 본보기로 소란을 피운 뒤 다른 아이들이 얼씬 못하도록 엄포까지 한다는 것이다.

왜 그랬을까. 열세 살 먹은 한 아이가 아파트 꼭대기에서 몸을 던졌다고 한다. 그 나이에 사랑 때문 그런 거 같지는 않고, 성적 때문일까. 친구 때문일까. 냇물이 강의 끝을 알 리가 있을까마는 인생에 대해서 알면 얼마나 안다고 그런 짓을 … 아무튼지, 그렇게 갔으니 무슨 위로의 말도 소용이 없지만 어린 것을 봄 꽃등에 묻기엔 왠지 억울해서 하는 말이다.

봄 타는 사람들아, 그러지 말자. 죽지도 말고 어설프게 정의를 내세워서 해결사 노릇하지 말자. 차라리 70 먹은 나랑 노동판에나 가자. 밥 주고, 새참도 주고, 수고했다며 돈도 준다. 거기서는 마음대로 지껄일 수 있고, 함부로 웃을 수도 있으며, 욕도 할 수 있다. 그리고 열심히 일한만큼은 궁민(國民) 아저씨 대접을 받는다.

참 별 일이다. 그조차 싫다면 70 먹은 나랑 맞장을 떠보자. 이기고 지고는 붙어봐야 알겠지만 이레 뵈도 내 몸무게가 75kg거든! 앞차기 옆차기도 가능하고 돌려차기도 할 수 있거든! 왕년에, 황소는 쫌 뻥이지만 못된 똥개 정도야 단숨에 때려눕혔거든! 평양박치기만은 못해도 지금 내 주먹의 펀치파워 숫자가 690 정도 되거든!

세상에는 손봐줄 사람도 많고 버르장머리 고쳐야할 사람들도 많다. 많지만 해결방도가 만만치 않아서 마음만 애태울 뿐이기에 문제다. 좌우지간 말 많고 큰소리치는 사람 구리지 않은 사람이 없다. 쥐뿔도 없는 게 있는 척하는 것도 아니꼽고, 뭣도 아닌 것이 잘난 척하는 것도 매스껍다.

산다는 것이 우습다. 죽는다는 것은 더 우습다. 어떤 경우라도 항상 나의 존재는 언제 어디서나 세상의 중심에 서 있다고 생각해야 한다. 나의 세계는 나를 중심으로 해서 한 뼘 한 뼘씩 영토를 넓혀가는 것이기 때문이다. 누가 나를 대신하여 살아주는 것도 아니고 세상이 나에게 그럴만한 여유도 없다.

봄 여름 가을 겨울 다시 봄 ... 붙여보고 떼어볼 것도 없다. 그냥 앞만 보고 단순하게 살면 된다. 그러다 보면 나의 봄이 온다. 봄비가 가인의 눈물처럼 곱다. 내년 이만 때 70 먹은 나랑 또 웃을 수 있기를, 봄아 성숙한 마음으로 멋지고 품위 있는 만남을 기대하는 바다.

나이가 만드는 힘

동해의 작은 섬, 독도는 얼마나 외로울까. 거북등처럼 바다 위에 동그마니 떠서 출렁출렁 바람에 밀리는 파도랑 사는 모습이 별반 나와 다를 바가 없지 싶다. 나이 탓일까. 30대를 떠올리며 유독 외로움에 젖어든다. 나에게도 칡뿌리 같은 30대가 있었기에 …

이따금 편지함을 보는 습관이 있다. 좋은 소식이라도 들어 있을까 하여 내심 기대하면서 살펴본다. 대개는 광고물들이 많지만 잠시나마 일말의 기대심리를 충족시켜 주는 거 같아서 별로 섭섭하지는 않다. 허구한 날 TV 보는 것조차도 나에게는 사치다. 소파에 앉아서 꾸벅꾸벅 졸다가 커피를 끓여 마시기도 하고, 책꽂이를 더듬대며 제목만 눈요기하다 종일 거실과 부엌 사이 왔다 갔다 하는 게 나의 엄동생활이다.

요즘 살기가 힘들다고 한다. 사실은 늘 하는 말이다. 사는 게 죽을 맛이라고 쉽게 말하곤 하나 한참 지난 후에는 그때가 좋았지 하고 비로소 속내를 드러내는 경우가 많다. 우리나라 금융총자산 1,200조 중에서 약 1,000조가 50세 이상이 갖고 있다고 한다. 돈 많은 노인들이 돈을 풀어야 그나마 우리 형편이 좀 나아지지 않을까.

하지만 돈이 많다고 해서 인생이 고독하지 않는 것은 아니다. 돈 많아도 쓰는 즐거움이 없으면 고독한 인생이다. 고독이란 너무 편하거나 모자라는 데서 생기고 넘치는 데서도 생기기 때문이다. 나 같은 경우, 해마다 더해지는 세월의 무게에서 내가 나를 더 고독하게 만든다.

나이가 만드는 힘이란 오래 숙성된 느림의 미학을 말한다. 달콤하지 않고 쓰지도 않으면서 삶의 욕구를 자극하는 은은한 에너지라고나 할까. 아무튼 온실의 화초보다는 들꽃들의 자생력이 훨씬 강한 거처럼 온갖 풍파에도 세상을 넓게 보고 멀리 가는 사람이 괴력을 만들어 낸다. 누구든 하루아침에 국가대표가 될 수는 없다. 피나는 노력과 남보다 더 많은 훈련이 1등으로 만든 것이다.

나이가 들면 힘과 순발력이 전보다 떨어지는 것은 사실이다. 그러나 노인에게도 하고자 하는 열정이 요구된다. 그럴까. 마음 같아서는 100미터쯤이야 단숨에 자신이 있다. 기록이 문제일 뿐이지 마라톤 코스도 완주할 거 같다. 달리다가 힘이 부쳐서 조금은 늦더라도 자신감이 나를 젊게 한다. 만약 나에게 어떤 일에 도전의 기회가 온다면 기꺼이 나서볼 생각이다.

사람이 아름답게 늙는다는 것은 무엇인가 계획을 세우고

할일이 생겼을 때일 것이다. 어젯밤사이에 눈이 수북 쌓였다. 눈에 덮인 세상을 보면서 공평하다는 생각이 들었다. 누구는 거기에다 근사한 희망 하나를 그려놓고 기도 하겠지. 또 어떤 이들은 바둑이처럼 함부로 뒹굴며 야단이겠지.

마실 나간
아내를 기다리다 소파에서 쭈그리고 잠이 들었다
그사이 아날로그 TV는 저 혼자 개그콘서트도 하고
불후의 명곡도 부르고 스포츠 중계도 끝 무렵이다

(졸시 : 1-노인의 孤)

도란도란 미운 일곱 살이 사귈만한 벗이다
눈깔사탕 한 개로 모두를 얻을 수 없겠지만
쌈짓돈 한 장으로 걸어서 능히 십 리는 간다

(졸시 : 2-노인의 벗)

야구가 좋다 축구도 좋다 TV가 유일한 친구다
거친 들판에서 공기를 갈아 마시는 일은 싫다
비루한 골목에서 춤추는 것도 이제는 참 싫다

(졸시 : 3-노인의 樂)

노회의 전략

늙고 병든 사자가 먹이를 구하기 위해서 꾀를 내었다. '늙은 사자가 임종을 눈앞에 두고 있으니 작별 인사나 하라'고 소문을 낸 것이다. 그리하여 늙은 사자가 사는 동굴에 문병온 동물들이 들어서는 순간 모조리 사자의 먹이가 되고 말았다. 돼지, 토끼, 고양이, 꿩 등 …

여우도 문병을 왔다. 그러나 여우는 동굴로 들어가지 않고 문밖에 서성거리고 있었다. 이에, 사자가 여우에게 '어이! 안 들어오고 뭐해? 날 보러 왔으면 들어오게나.' 말했다. 하지만 꾀 많은 여우가 말하기를 '문병은 여기서 드리고 돌아가겠습니다. 동굴로 들어간 발자국은 있는데 밖으로 나온 발자국이 없으니 저는 들어갈 수가 없네요.'라고 했던 것.(전례우화)

참으로 여우는 여우다. 그리고 노인불패다운 사자의 전략 또한 가관이다. 꾀란 아무나 부릴 수 있는 계략이 아니다. 치밀하고 빈틈이 없어야 성공할 수가 있으며, 성공한 후에도 작전이 노출되면 역습의 단서기 되기도 한다. 그런 의미에서 볼 때 늙은 사자의 꾀는 절반의 성공을 거뒀다고 말할 수가 있을 것이다. 비록 영특한 여우는 잡아먹지 못했으나 다른 동물들을 손쉽게 잡아서 포식했기 때문이다. 사실 귀신도 잡는다는 무속인들 조차 사기꾼에게 당하는 것은 시간문제다.

노회(老獪)의 전략이란 생존 전략과 같다. 풍부한 경험과 노련한 수완으로 상대방을 꿰뚫어 보면서 힘이 다 빠질 때까지 모른 척하다가 단숨에 제압하는 것을 말한다. 경험의 법칙이라고나 할까. 노인은 때를 알며 기다림의 미학을 즐길 줄도 알기에, 그에 대처하는 비책이 곧 속내를 드러내지 않는 인내심이다. 그런데, 평생 甲으로 살아온 사람들일수록 퇴직하면 더 외롭게 지내는 경우가 많다고 한다. 항상 남들이 만나자고 하는 약속만 골라서 만났기 때문이다.

인생이 100세 시대가 눈앞이다. 정부 발표에 의하면, 향후 20년에는 우리나라가 세계 4대 노인국가가 된다고 한다. 과연 나의 20년 후 자화상은 어떤 모습일지 궁금하다. 그야 물론 사람에 따라서는 끔찍한 비극이 될 수도 있다고 봐야한다. 지금까지 살아온 70년은 빼고서라도 앞으로 30년을 더 살아야 하는데 적당한 경제력과 건강이 받쳐주지 않으면 그 긴 세월이 고통이 될지도 모르기 때문이다.

20년 후 나는 90 상노인이 될 것이다. 친구들도 다 떠난 마당에 나마저 아내를 미망인으로 남기고 낙엽처럼 홀연히 세상을 등질 지도 모른다. 물론 나와 별 상관이 없는 100세시대의 사회가 노인 중심이 될 것이며, 노인 일자리 문제가 심화될 것이다. 그리고 노인끼리의 경쟁도 경쟁이지만 세대 간 온정주의와 합리주의가 서로 충돌할 위험이 크다고 봐야한다.

아침에 평생지기 아내가 살갑게 말을 걸어왔다. 물론 기분 좋으라고 하는 말이지만 '파마머리는 잘 관리해야만 젊음을 오래 유지할 수가 있다'고 손끝으로 내 머리를 곰실곰실 매만지며 빗어준다. 그러면서 장난삼아 하는 말, "좋겠수. 늘그막에 파마까지 했으니 이제 죽어도 후회는 없을 테니까 말이오."

나의 변신은 성공이다. 3만원을 공손히 내미는 큰딸의 효심으로 동네 미장원서 파마를 했다. 그러고 나서 나는 매일 거울 앞에 서는 습관이 생겼다. 혼자 죽겠다고 웃어도 보며, 나중에 꽁지머리 매고서 친구들 앞에 나타나 약 올릴 상상을 하면 저절로 신바람이 나곤 한다. 아내는 서운한 듯이 나더러 푼수가 좀 모자란다고 비웃지만 나는 그때마다 '당신이 미망인 되는 것도 싫고 내가 홀아비 되는 것조차 두렵다'며 너스레로 위기를 빠져나간다.

〈노회의 전략 5〉

1) 말 수를 줄이고 상대방 말을 경청하라.

2) 애당초 할 수 없는 일은 생각하지도 마라.

3) 상대방의 진이 다 빠질 때까지 기다려라.

4) 때가 됐다 싶으면 단숨에 제압하라.

5) 역습에 주의하라.

느림의 미학

선달의 동병상련이라고나 할까. 회한에 젖은 허무가 성큼 밀려온다. 나는 밑도 끝도 없이 노정(老情)에 파묻혀서 詩와 수필을 책으로 묶여질 만큼 썼다. 썼지만 순전히 궁상맞은 신세타령이라서 함부로 내놓긴 좀 그렇고 그런 저작거리에 지나지 않다. 하여간에 내 과거사뿐만 아니라 지금의 생활이 구리고 치욕적이라서 서둘러 고해성사를 받으려고 했으나 그마저 허사가 되어 곱빼기 짐만 더 짊어진 꼴이다.

글을 쓰다보면 떠오르는 단어가 '고향'과 '아내'다. 내 나이 이쯤 될 때까지 고향과 아내는 변함없는 나의 안식처이기 때문이다. 그래 그런지는 몰라도 나이가 들수록 과거에 집착하는 버릇이 생겼다. 마치 연어가 고향을 찾아서 거꾸로 강물을 거슬러 올라가는 거처럼 가슴 속에 고향의 풍경과 옛 사람들이 있다. 그리고 고향 이야기는 구수하기도 하지만 생각할수록 묻어나는 고혹한 향수와도 같다.

오늘도 고향을 본다. 떠나온 지 어언 반세기가 지났으나 고향에 대한 소식은 듣고 싶은 뉴스다. 그런데 TV에서 고향에 눈이 많이 내렸다 한다. '대설주의보'까지 내려진 상황이라고 하니까 걱정이 된다. 월동준비나 잘 해뒀는지, 축산영농에 목을 단 친구는 괜찮은지 궁금하기 그지없다. FTA 때문에 송아지 한 마리가 단돈 1만원 안팎이라니, 턱없이 비싼 지금의 사료 값으로는 금쪽같은 송아지들마저 굶겨죽일 수밖에 없는 현실이라고 한다.

턱을 괴고 있는 나에게 아내가 커피를 내민다. 나는 이럴 때 대단한 위로와 사랑스러움을 느낀다. 콧잔등에 느슨하게 걸쳐진 돋보기 너머로 구멍 난 양말을 꿰매는 모습에서 더없는 모성애 같은 감동을 받기도 한다. 더러는 음식을 만들 때 생선 자르는 도마소리만 들어도 나는 황홀해지며 가슴이 두근거린다. 혹여 아내가 나를 애완동물처럼 길들이기 연습을 한대도 아내의 뒤태를 보면 단풍진 세월의 흔적이 안쓰럽다.

나는 친구 이야기를 빼놓을 수가 없다. 근 50년 동안 지척에서 서로 기쁨조로 살고 있는 그나 나는 불혹의 자녀를 뒀다. 흔히 말하는 생활은퇴자다. 우리 사이는 시도 때도 없이 전화를 건다. 그가 용마산 기슭 언덕바지에 살며, 나는 아차산 아래 저점에서 살고 있으므로 오르고 내리는 일이 만만치가 않다. 하여, 올라가는 거보다 내려오는 것이 수월하다는 이유로 옥신각신하다 지하철역 부근이나 우리 집에서 옥하사담(屋下私談)이 이루어지는 경우가 많다.

친구는 손자 봐주는 재미에 푹 빠져서 용돈을 조금씩 타 쓰는 모양이다. 그런 그가 우리 집 올 때마다 뭔가 사들고 오는 날이 많다. 빈손이면 어떠냐 해도 보푸라기 같은 정분 때문인지 그의 손에는 비닐봉지가 쥐어져 온다. 그리하여 우리는 그 봉지에서부터 이야기의 실마리를 풀어내는 것이다. 가령, 은밀한 농담이나 공분하는 사설 같은 것. 그리고 복잡한 인생관도 주제로 삼는다. 오늘도 까맣게 생긴 비닐봉지에 온기가 식지 않은 풀빵 대여섯 개 담아 왔다.

"날이 찬데 옷을 두툼하게 입고 오지 그랬어?"
"생각보다 풀린 것 같은데 뭐. 그나저나 시방 밖은 부산해!"
"왜? 무슨 일 났어?"
"아니, 낼 모레가 연말연시잖아? 그래서 그런지 선물보따리 들고 다니는 사람들이 많아!"

친구가 생기 넘치는 세상 소식을 알려준다. 그러나 연말(송년)이라고 해봤자 젊은이들 잔치지 우리네야 12월은 부질없이 나이만 먹게 되므로 별로 달가울 것도 없다. 없지만 그 친구나 나나 빛나지 않고 내세울 것은 없으나 고뇌하던 청년시절이 있기에 우리는 종종 추억을 더듬어서 노정의 길목에다 다시 풀어놓는다.

나는 그 친구를 '姜영감'이라 부른다. 姜영감은 나보고 불쌍한 백수라는 뜻에서 '불백'이라고 부르지만 그렇다고 봐야한다. 나는 화백(화려한 백수)이 아니기에 불백이다. 여유로운 노후를 위해서 적금(보험)이라도 준비해뒀더라면 화백이 됐을 테지만 그나 나나 덧없이 세월만 까먹다 그리 됐다. 우리는 또 다른 초록과 같은 친구인 H의 허물을 들춰내어 웃었다. 그는 언제라도 불러낼 수 있는 막역한 사이이며, 웬만한 신소리도 마다하지 않는 친구다.

H 또한 인생이 70 줄에 얹혀 있으므로 그도 -택이다. 젊어서 홀로 되었으나 새장가를 못 들고 여태 혼자다. 중간에 재혼을 하려고 했지만 고놈의 돈이 없어서 나 홀로 처지가 됐다. 수년 전부터 될 성부르다 변변한 직업도 없는데다 가난하다는 이유로 어긋나고 말았던 것, 노인에게는 돈이 미사일과 같은 무기다. 돈이 있어야 어디서나 말발이 서고 노인의 체면도 펴진다. 그런데, 이에 姜감이 이의를 제기하고 나서는 게 아닌가.

"돈도 필요 없는 세상이야! 돈 때문에 명줄대로 못살고 죽는 영감들 많아요."

"웬 생뚱맞은 소리! 마누라 하고 돈이 최고지. 이 두 가지만 있으면 부러울 게 없다네."

"천만에, 돈이 많으면 자식들 등살에 못 배겨! 쬐금 주면 졸라서 죽고, 다 주고나면 배고파서 죽고, 아주 안 주면 매 맞아서 죽는 걸!"

아무리 가난을 에둘러대는 농담이긴 하나, 姜영감의 변명이 뻔뻔하다 싶을 정도다. 솔직히 말해서 나는 등짐과 봇짐을 번갈아 청춘을 보낸 보부상인지라 아직도 부자의 꿈을 다 버릴 순 없다. 그래서 남들은 나보고 그만 욕심을 내려놓으라고 충고하지만, 그 말대로 팽개쳤다가 나 혼자 날송장이 될까 두려워 차마 노욕을 버리지 못하는 처지다.

그렇다. 사람 일은 모를 일이다. 언젠가는 나도 지팡이를 짚을 날이 올 것이다. 혹여 그럴지라도 누군가 내 행복을 훔쳐가는 자가 있다면, 나는 열심히 그 놈을 추적할 것이다. 그러나 이 세상에는 나를 둘러싸고 있는 피붙이와 우정이 있다. 그들과 함께 설레는 가슴으로 희망의 한국인 나의 앞날을 기대해 본다.

아름다운 바보

한완상 前대한적십자사 총재가 정의하기를, '아름다운 바보'란 '바로 보는 사람'이라고 했다. 어떤 이유로 싸워서 이겼다면 상대방에 미안하게 생각하고 이긴 것에 스스로 부끄러워하는 사람이 아름다운 바보이며, 혹은 졌다 하더라도 보다 당당한 자세로 비굴하지 않는 사람이 아름다운 바보라는 것이다. 예컨대 무소유가 가장 거대한 소유인 것처럼 아름다운 바보(美德)가 세상에서 가장 강하고 부드러운 감동의 힘이라는 말이다.

사람은 누구나 자기 스토리가 있다. 내가 어떻게 살았느냐 하는 것은 현재의 자기 색깔을 보면 안다. 하지만 앞으로 어떻게 살아갈 것인가는 예측불허다. 그래서 삶의 가치를 만들어가는 데는 현명한 의사결정과 정의로운 힘을 공유하는 것이다. 만약, 이 사회에 공감하는 바가 없다면 폭력과 무질서가 난무하는 암흑의 세상이 될 것이다. 그렇지만 사람은 사람이 필요하다는 것을 깨닫고 있기 때문에 서로 존중하고 이해하는 노력을 한다.

인권탄압과 인종차별에 반대하여 평등을 부르짖다가 극우파 백인에 의해 암살당한 킹(미국) 목사의 삶은 아름다운 바보였다. 그리고 테레사(유고)수녀 역시 평생을 독신녀로 살면서 가난하고 병든 사람들의 어머니로 그 어떤 어려움에도 굴하지 않은 지구촌 대모다. 그들은 꽃보다도 아름다운 바보들이다. 지금은 모두가 이 시대를 떠난 사람들이지만 그들이 살았던 삶의 본보기가 세상을 온통 감동에 젖게 하며, 빛과 소금이 되고, 생명의 에너지가 된다.

하늘은 울타리를 치지 않는다.(CF) 그러나 사람과 사람 사이에 산이 있고 강이 있다. 그리고 섬도 있다. 솔직히 말해서 헐어버리고 싶은 벽이다. 경계가 없는 세상에서 하늘을 바라보고 싶은 때 서슴없이 볼 수 있는 날이 정말로 그립다. 그러나 그립다고 되는 것은 아니다. 하늘은 하늘이 문을 열어줘야 때론 파랗고 때론 하얗고 때론 잿빛에 검붉은 그 하늘을 볼 수가 있기 때문이다.

지성이 하늘에 닿은 걸까. 인천 광혜(특수)학교 동아리에서 시각장애인 학생들이 사진전시회를 열었다고 한다. 글쎄... 하면서 처음엔 이해가 되지 않았다. 사진은 배경, 초점, 거리, 등 삼각구도가 잘 맞아떨어져야 훌륭한 사진이 찍힌다고 하는데, 전혀 앞을 못 보는 학생들이 손수 영화도 찍고 전시회까지 여는 정도라면 신의 계시가 아니고서 불가능하다고 생각했기 때문이다. 그러나 그들은 해내고야 말았다.

나는 비로소 내가 몰랐던 또 다른 세상을 봤다. 시각장애인들은 사물에 대한 인지적 공감은 가능할지 모르나 시각적 공감은 불가능하다고 봤기에 이번 학생들의 전시회는 신선한 충격이 아닐 수 없다. 아마도 그들은 사회적 편견이나 이념적인 울타리가 자유로운 생활에 방해가 됐을 것이다. 그럼에도 불구하고 자빠지지 않고 오히려 그것들을 생활의 도구로 선용하여 좋은 세상을 만들었다.

바보는 바보 같은 생각을 할 수밖에 없다. 바보라서 그렇다. 바보는 나보다 남을 먼저 생각하고 정직하게 실천하는 것을 사명으로 생각한다. 바보는 자기가 한 일에 대해서 조금도 드러내려고 하지도 않는다. 바보는 늘 웃고 늘 바보짓만 한다. 그런데도 그가 머문 자리는 아름답고 향기가 넘친다. 눈물이 글썽거릴지라도 기쁘기만 하기 때문이다. 그리고 온기가 가득하며 평화롭기 때문이다.

도로 男

말해도 될까
하면서 말을 한다.

써도 괜찮을까
하면서 글을 쓴다.

함부로 바람을 탓할 일은 아니다. 어디든지 혹은 언제든지 맘대로 가고 떠나고 싶은 때 미련 따위 없이 떠난다. 아니다. 그런 거 같지만 그게 아니다. 손톱은 어디로 튈지 모르지만 바람은 높은 곳에서 낮은 곳을 본다. 그리고 그곳을 향하여 자기 몸으로 중심을 잡는다. 바람은 부족한 곳을 다 채우고 어느 한쪽이 기울지 않을 때 비로소 다시 솟구쳐서 또 세상을 본다.

바람이 바라보는 세상이란 무엇일까. 산과 커다란 나무, 긴 강이거나 바다일 것이다. 아마도 구름에 덮인 들판의 낮은 마을일 것이다. 왜냐하면, 거기에는 가난한 사람들이 살고 있기 때문이다. 바람은 작은 우리를 본다. 한 줌의 흙을 쥔 우리를 본다. 물고기처럼 거슬러서 흘러가는 우리를 본다.

사람은 바람이 닿는 대로 닮아간다. 그래서 강가에 가면 젖기 마련이다. 미소 띤 꽃을 보면 기쁘고 풀의 사망을 보면 슬프다. 우울한 짐승보다 햇볕 드는 나무들이 행복해 보인다. 하지만 사라지는 목숨보다 새로 태어나는 생명들이 압도적이다. 죽고 싶은 날보다 살고 싶은 날들이 훨씬 많아서 앞으로 더 살아야 하는 이유가 된다. 기왕 사는 바에야 '도로男'이 되어서 甲으로 살고 싶은 솔직한 심정이다.

내가 2십대 성한 남자가 된다면 맨 먼저 지금의 아내와 연애할 것이다. 영화를 보고, 식사도 하고, TV드라마 이야기도 하면서 미래에 대한 고민도 털어 놓을 것이다. 그리고 우리는 3십대에 결혼할 것이다. 열심히 직장생활하면서 돈을 모으고, 내 집 장만도 하고, 아이도 낳고, 아이의 미래에 대한 계획을 함께 세우며, 럭셔리한 아파트에서 희망을 만들어갈 것이다. 4,5십대가 되면, 내 이름이 보다 견고해져서 서운함이나 과거의 상처 따위는 치유가 될 테고, 노후에 대한 새로운 준비를 시작할 것이다.

바람 탓일까. 어느덧 후순위로 사는 나지만 지금의 아내를 위해서 '도로男'이 되고 싶다. 아내는 나의 반쪽이 아니라 전부다. 남편과 자식을 소중한 애장품으로 생각하는 거 같다. 보석처럼 늘 자기 품안에 두고 평생 몸 바쳐서 자신까지 잃어버린 여인이다. 아내가 '도로처녀' 된다면 지금보다 훨씬 꿈이 크고, 샘도 많을 테고, 세상에서 가장 예쁜, 그리고 당돌한 꽃나무가 될 텐데 ... 나는 아내에게 그런 희망이 되고 싶다.

노인들에게는 외로움이 최대의 적이다. 나이 든 아내와 단둘이 살면서 아내가 일곱 마디 정도 말을 한다면 나는 세 마디 정도 섞어서 외로움을 달래며 살지만 다른 부부보다 뚱한 편이라 우리 집은 심산유곡의 산사와 같다. 다행히 자식들이 많아서 주말마다 몰려오는 경우가 많은데, 반갑고 기쁘긴 하나 힘이 부치고, 떠나고 나면 다시 공허해진다. 주책일까. 이따금 택배를 받아보는 재미가 제법 쏠쏠해 보약에 비할 바 아니다.

노인들은 별별스런 노화방지 명약들도 큰 도움이 안 된다. 나에게는 여가선용의 콘텐츠가 부족한 것이 한계다. 만약, 나에게 남겨진 시간이 1주일뿐이라면 무슨 일을 할까. 모르긴 해도 고민만 하다가 시간을 다 허비하고 말 것이다. 아내도 마찬가지일 거 같다. ㅋㅋ, 농담이지만 지금의 아내가 '도로처녀' 되어 광화문 네거리쯤에서 나랑 만났으면 좋겠다.

일상이 너무 감동적이거나 근엄하게 살려고 하다보면 웃음을 잃어버리기 쉽다. 가장 편하고 가장 쉬운 방법이 가장 빠르게 웃을 수 있는 길이라고 생각한다. 내가 행복한 것은 다른 사람이 나를 보고 미소를 지을 때이다. 싸이(가수)의 말춤이 세계적으로 인기를 끌 수 있었던 것은 누구나 따라할 수 있을 만큼 쉽고, 공감대 형성의 힘이 되었기 때문이다. 내가 평생 甲으로 살아본 적은 없지만 20대 도로男이 되어 광화문 사거리 복판에서 아내랑 말춤 한 번 추고 싶다.

다 털어냈구나
가뭄을 버티고
깜부기병도 이겨내고
낭만의 갈색수염 휘날리더니

고향의 빈들에서
바람조차 머물 곳이 없는
여기서부터 자유다 평화다

언덕에 올라
기근의 외적들을 물리친 푸른 기상으로
하모니카 근사히 불어나 볼까 (졸시 : 옥수수 전문)

三不苦

2012 프랑스 칸(영화제) 하늘에 비가 내렸다. 그런 바람에 세계의 명배우들이 치명적인 타격을 입었다. 비에 젖은 레드카펫을 밟으며 팬들의 함성이 몰락한 텅 빈 행사장에 들어갔으니 그야말로 굴욕적이고 스타들의 체면이 구겨질 대로 구겨진 것이다.

근데, 밖에 비가 쏟아진다. 칸 하늘에 내렸던 장대비 같은 굵직한 빗줄기가 눈 깜짝하는 사이 도랑을 채운다. 기상청 예보대로라면 장마가 예상되는 만큼 비 피해까지 겹치게 됐다. 그래서 시골 농업인들의 시름이 불가피하고 이래저래 과일값은 더 비싸질 판이다.

농촌이 살아야 도시가 산다. 농산물 수·출입 경쟁이 기술산업과 함께 사실상 무역전쟁의 핵심 축이다. 그것이 국가경제와 국민생활소득의 근간이 되기 때문이다. 그래서 요즘 국제간 FTA가 대세다. 뜻이 맞는 나라끼리 관세의 벽을 허물고 자국이 필요한 대로 자유롭게 무역을 하자는 것이다.

하지만 미신(迷信)일 수도 있다. FTA 협정이 체결 되면 당장 생활이 나아지고 경제 부흥이 될 것처럼 생각하지만 천만에, 그런 미신에 집착해서는 곤란하다. 우리나라는 2004년 칠레와의 협정을 시작으로 유럽, 아시아, 미국 등 수 십 개국과 체결된 바 있고, 일본, 중국과도 의견이 분분한 상황이지만 FTA로 인해서 몰라보게 나아졌다기보다 오히려 경쟁력이 부족한 농업과 같은 산업에서 골탕을 먹고 있는 실정이다.

살다보면 하늘이 서운할 때가 있다. 원치 않는 때 비를 뿌리고 기다릴 때는 가슴이 타들어가도록 가뭄이 연속이다. 그래서 자기 편리한 대로 되지 않을 때를 재수가 없다거나 악연이라고 생각하는 경우가 많다. 나 역시 살면서 당돌한 꿈과 야무진 이상이 깨지고 멀어질수록 절망감이 나를 괴롭혔다. 경제적 궁핍, 문화적 빈곤, 신체적 콤플렉스, 사회적 열등감 등 겪어야했던 내 몸의 수난에 대해서 후회해 봤자 아무 소용도 없지만, 그러나 버티고 사는 동안 전략적 동반자였던 것이다.

자학은 자신에 대한 도리가 아니다. 자기가 자기를 사랑하지 않는다면 누가 돌봐 줄 것인가. 나는 나로부터 가장 신뢰하고 사랑을 받을 만한 존재다. 내가 나를 사랑하면 남에게도 사랑을 베풀 수 있기 때문이다. 살면서 너무 따지지 말자. 부정적인 생각보다 긍정적인 생각이 나를 더 이롭게 한다. 이래도 홍 저래도 홍이 아니라 따질 땐 진지하게 따져 묻되 상대방을 곤경으로 몰아가거나 너무 피곤함을 느낄 정도로 물고 늘어지지 말라는 뜻이다.

인디언 사람들은 말을 타고 전력질주 하다가 한 번쯤은 멈춘다고 한다. 너무 빨리 달려서 왔기 때문에 자기의 영혼이 미처 따라오지 못했을 지도 모른다는 생각에 잠시 되돌아보는 기회를 갖는다는 것이다. 살다보면 용서할 일들이 많다. 그러나 용서보다 더 좋은 방법은 잊어버리는 것이다. 물론 기억해야할 것은 해야 하겠지만 악연은 차라리 잊어버리는 것이 편하고 살아가는 데도 도움이 된다고 생각한다.

내가 내 인생에게 감히 말하기를,
三不苦여, 잘 가거라. 굽지도 말고- 절지도 말고- 늅지도 말고-

나에게/ 언젠가 어김없이 찾아올 내 노을아// 새처럼/ 배배배 배배배배/ 구성진 소리로 우짖던/ 고향의 친구들이 더러는 아주 떠나고// 야생마처럼 순금 빛 지평을/ 종횡무진 뛰놀던 연적들조차도/ 도심에 갇혀서 흐지부지 쇠하다// 왕년의 독재자는 운다/ 한 잔 술로 홍망성쇠를 달래며/ 노을 진 바다의 저점으로 잔이 기운다 (졸시: 황혼의 잔)

아직은 살아갈 날이 멀다

나는 노인우대권(시니어카드)을 들고 하늘을 본다. 태어나서 바보처럼 살아온 삶이 혹은 아쉽고 혹은 후회도 되지만 앞으로 더 얼마나 성한 다리로 걸으며 세상을 바라볼 것인지, 또 얼마나 애(哀)가 잦은 가슴으로 삶에 아파하며 살아갈 것인지, 봐도 하늘은 나에게 답을 주지 않는다.

오늘 나에게 더 살아야 하는 구실이 생겼다. TV에서 내일 모레쯤 강추위가 닥칠 거라고 하더니 칼날 같은 바람이 먼저 와서 목련의 잎이랑 감나무 잎사귀를 모조리 훑어 내린다. 글쎄, 그 바람 탓일까. 친구가 죽었다는 연락이 왔다. 잃은 것도 없고 얻은 것도 없이 살다 홀연히 떠난 친구, 걔는 내가 하늘 아래 둘도 없는 친구라고 하면서 정작 갈 때는 무심히 갔다. 그래서 나는 1번 친구를 잃었다.

은퇴란 영어로 Retire라고 한다. 타이어를 갈아 끼운다는 말이지만 인생의 이모작을 의미한다. 그러나 슈퍼노인(과다한 친목 및 사교모임)으로 살고 싶진 않다. 나는 2번 친구와 홀쭉하게 살고 싶다. 1번 친구와 함께 살던 일상의 생활, 이제 그런 것들을 서서히 내려놓으며 2번 친구와 새로운 동행이라고나 할까. 나에게도 할 일이 생겼으면 좋겠다.

살다보니 나이가 주는 숙성의 맛을 느낀다. 곡간이 가득해야 행복한 것은 아니며, 소소한 것에도 쏠쏠한 맛이 삶의 에너지가 된다. 아무리 배부르고 요망지게 살아도 부족함이 생긴다. 이웃과 사회와 세상과 소통의 기쁨이 곧 행복이다. 인생이 100년 채우기 힘들지만 살아온 날보다 살아갈 날이 언제나 멀고 긴 법인데, 이는 희망이 삶을 자극하기 때문이다.

수의에는 주머니가 없다는 사실을 사촌형님의 뒷모습을 보고 알았다. 바늘귀 같은 구멍으로 역경과 고난을 빠져나와 경제적인 풍요로움을 누리며 고향에 공덕비가 세워질 만큼 빛나는 인생의 귀감이 되었지만 그러나 인생무상이라고 하던가. 즐거움은 잠시일 뿐이고 지금은 전설의 주인공이다.

인생은 70부터라고 한다. 사실 행복의 터널이 너무 길고 험하기 때문에 도전의 가치가 있다. 비록 인생이 길진 않다 하더라도 누구나 꿈을 갖고 싶은 것이 인지상정이다. 그렇다면 이제 시작이다. 꿈이 없는 사람에게 꿈을 주고, 나도 조금은 희망으로 살아간다는 거 보여주고 싶다.

멈추지 않는 질주의 본능
때로는 정해진 흐름을 거슬러서
정수리까지 그 여정이 상처투성이다

피 묻은 청춘아

상처뿐인 맨발로 고향에 뼈를 묻으리라

불꽃을 등에 지고
가도 가도 마르지 않는 강
오후엔 물살 가로막아 여울목 안에서
성은의 몸 풀어내어 영혼을 얘기한다

(졸시 :연어의 강 전문)

약해지지 마

바람난 장미는 계절이 없다. 5,6월에도 피고, 11월 12월도 다시 핀다. 하긴 사계절의 변별력이 모호한 변덕스런 계절의 기후 탓도 있을 것이다. 꼭 바람이 나서 아무 때고 요염한 몸짓을 하는 것이 아니라 세상을 더 조화롭고 아름답게 하기 위한 대자연의 섭리 때문이 아닌가 한다.

행복이란 마음먹기 달렸다고 다들 말을 한다. 불행과 행복은 그야말로 종이 한 장 차이라는 것이다. 나는 동감한다. 세상에는 나보다 가난하고 아픔을 느끼며 사는 불편한 사람들이 많다. 살면서 나만 불행하다고 슬퍼할 일이 아니다. 우리는 장미의 진실과 아름다운 열정을 눈여겨 봐야한다.

멋진 삶이란 개성이 얼마큼 존중되느냐다. 뚱뚱한 사람도 홀쭉한 사람 못지않은 자부심이 있기에 즐거운 삶이 가능하며, 촌티 나는 시골사람도 나름대로 도시민 이상의 보람이 있기에 흙과 함께 사는 이유다. 내가 어디서 무엇으로 살든지 오직 사랑을 위하여 산다면 슬퍼할 겨를이 있겠는가. 열정은 나를 지탱하는 에너지다.

나이 먹었다고 슬퍼하지 마라. 시간은 누구에게나 공평하게 주어진 행운이다. 100세의 일본인(사바타 도요) 할머니는 아흔아홉에 첫 시집을 냈다. 老시인은 그 나이에도 사랑은 하는 거라며 날마다 화장을 한다면서, 아들이 초등학교 때 '너희 엄마 참 예쁘시다' 친구가 말했다고 기쁜 듯이 얘기한 적 있어 그 후로 지금까지 정성껏 화장하는 계기가 됐다고 한다.

친구야, 나이가 들수록 나에 대한 아주 작은 관심도 살아갈 힘이 된다. 어떤 친구에게서 걸려온 안부전화가 충분한 힘이 되고, 집까지 찾아와 주는 사람도 나에게 살아갈 용기가 된다. 우린 100세의 老시인에 비하면 아직 한창이다. 당장 조금 기운다고 해서 좌절하거나 포기해 버리면 여태 살아온 인생을 모두 잃는 것이다.

내가 가난을 타고 태어난 것은 내 죄가 아니다. 그러나 내가 가난하게 늙는다는 것은 내 죄다.(스티브 잡스) 잃는다는 것, 그 어떤 것일지라도 잃어버리고 산다는 것은 아픈 것이다. 무엇인가 남기고 떠나는 삶은 아무것도 남기지 않는 것보다 위대한 삶이라고 생각한다. 혹여, 하찮은 것이더라도 언젠가 누구엔가는 쓸모 있는 자산이 될 수 있기 때문이다.

여유일까
야성일까

달팽이가 긴다
아니 달리고 있는 것이다

우주를

배꼽 위에 얹고서

거친 급물살에 도전한다

바다라고

평화롭지만은 안기에

한사코 장수는 갑옷을 벗지 않는다 (졸시 : 달팽이 전문)

江村 형

내가 요즘 싱글벙글하는 이유가 있다. 돈이 생겨서 아니고 먹을 것이 많아서가 아니다. 그런 것들과는 아무 상관없이 점괘에 나타난 귀인처럼 아주 열정적인 사람을 만나 늘 새로운 힘과 용기를 얻고 있기 때문이다.

문단에 데뷔하고 10여 년쯤 지나서 내가 사는 지역문인단체의 창립멤버가 됐다. 거기서 나이 지긋하고 국민배우 같은 최단(崔檀) 형을 만났다. 첫눈에 예사롭지 않은 분 같다 생각했는데 아니 다를까, 의학박사에다 치과병원장이라는 소개를 받고서 오금이 저릴 정도로 주눅이 들었다. 하지만 그분이 바로 지금 나와 호형호제하는 절친 사이다.

형의 필명은 江村이다. 내 호가 井村인지라 왠지 형제 같은 친근감이 든다. 江村이라 함은 물이 흐르는 마을이고, 井村은 샘이 있는 시골풍경의 이미지가 떠오른다. 이치로 따지자면 動과 靜의 질묘한 만남일 텐데, 이 보다 더 좋은 인연이 또 있을까. 江은 井으로부터 시작이 되고, 샘 또한 용수로부터 시작되므로 말미암아서 처음도 같고 끝도 같으니 아무리 생각한들 기이한 연분이라 할 수밖에...

형은 80 코앞에 두고, 나는 70을 턱 아래에 둔 왕년의 별이다. 우리 세대에 별 아닌 별도 없지만 이제 지고나면 다시 만날 수 없다는 절망감이 우리를 슬프게 한다. 점점 하늘이 가까워지는 이 좁은 땅에서 江村과 井村의 만남이 서로 적잖은 위안이 된다. 평소에 자주 뵙지는 못할지라도 이웃 동네에 살고 있다는 것만으로도 지정학적인 온정을 느끼며 함께 살아갈 수 있다는 게 행운이요 대박이다.

예전엔 반딧불 아래서도 형설의 꿈을 이룬 이들이 많았다. 코피까지 흘리면서 죽어라 공부할 때 한창 노는 재미에 빠져 학교는 뒷전이고, 노력보다 쉬운 방법만 선호하다 결국은 사회에 잘 적응을 못하거나 뒤처져서 후회하는 부산갈매기 같은 친구들이 많다.

하기야, 공부가 다인 것처럼 생각하고 다른 좋은 경험들을 소홀히 한다면 그 또한 문제다. 공부 잘한 사람만 꼭 출세나 성공이 보장되는 것은 아니기 때문이다. 공부도 공부지만 어디까지나 폭넓은 경험과 진솔한 삶을 통해서 올바른 인생관이 형성돼야 될성부른 나무의 싹수요 떡잎이다.

형은 서울大 출신이다. 그리고 철인이다. 다양한 취미활동으로 남에게 용기와 희망을 갖도록 한다. 특히 고미술전람회의 특급단골 고객이다. 세계 곳곳을 다니면서 유명한 예술인들의 작품에 꼼꼼히 설명까지 붙여 수년간 카페에 소개하는 열성까지 보이신다. 나 같은 문외안도 난해한 문화유산을 이해하는 기회가 되고 있다. 또 그뿐 아니라 진품명품이나 신통방통한 사물까지 공짜로 감상하는 영광을 얻는다.

한마디로 열정적인 오빠다. 나한테는 로또 같은 형이다. 어디서 그 많은 작품들을 수집하여 여러 사람들에게 감동의 보시를 하시는지 참 고맙기도 하다. 행여 누가 되지 않기를 바라면서 혼자 이 좋은 귀감을 간직하기엔 벅차서 글을 썼다.

> 가슴 설레는/ 저 음률/ 달빛 타고 내려온/ 청아한 저 소리/ 하늘의 소리/ 가슴 깊이 파고들어/ 영혼의 세계로 인도한다//
>
> 바람 따라 울리는/ 풍령인데/ 같은 소리는 없구나/ 오늘밤 저 소리는/ 바람의 소리/ 천상의 소리/ 심금을 달래는/ 섭리의 소리 (강촌 : 영운당의 풍경, 전문)

인생學

초여름이다. 똥개 한 마리가 동네 청년들에게 잡혀서 몸보신의 제물이 되고 말았다. 몽둥이로 심하게 두들겨 맞고는 실신한 뒤 온몸이 불에 태워지고 다시 끓는 물속으로 넣어졌던 것. 그런데 그것을 먼발치에서 본 또 다른 동료 개가 이후부터 사람이 무섭고 두려웠던지 고샅 근처엔 얼씬하지 않고 동네 주변에서만 빙빙 돌며 경계하곤 한다는 것이다.

인생은 항상 목마르고 허기진 존재다. 하지만 천만에, 세상의 인심이 호락호락하지 않아서 기는 놈 위에 뛰는 놈이 생기고, 뛰는 놈 위에 나는 놈들이 벌써부터 서열의 앞자리를 차지한다. 사람들은 기어서 오르는 법과 내려올 때 벼랑에서 추락하는 법을 잘 모른다. 그리하여 나이 60 넘으면 잘난 사람이나 못난 사람 다 같다고 한다.

노인에게는 과거가 (소용)없다. 있다고 해도 쇠하여 나약하기 그지없을 뿐이다. 나이가 들수록 똑똑하고 확실한 후원자도 없는 실정이다. 운이 좋은 소수의 노인들은 훌륭한 자녀들의 효심에 호강하는 경우가 있기야 하고, 더러는 젊어서 미래를 저축해 둔 지혜로운 복지표 노인들도 있을 테지만, 대다수 실버들은 험한 세상에 청춘을 고스란히 바쳤으나 바친 만큼 보상은 고사하고 등을 기댈 곳마저 없는 것이 문제다.

하기야, 속이 당차기로 소문난 참나무도 북풍한설에 벌벌 떠는 수난의 계절이 있다. 사람이 사는 세상도 마찬가지다. 사노라면 이런저런 일들을 만나 희비의 쌍곡선에서 때론 거친 짐승처럼 막춤을 추며 숨 가쁘게 사는 것이 인생살이다. 요즘 빈부의 격차가 심하다고 불평과 불만들이 이만저만 아니지만 다 애당초 정의로운 분배가 어긋났기 때문이다.

2010 남아공월드컵축구 열기가 온통 달궈지고 있을 때다. 한국과 아르헨티나 경기를 보면서 공(ball)을 '꽁'이라고 말하며 "으매, 박주영이가 자살 꽁 먹어 부렀네!" 하던 아내가 그만 속내를 들키고 말았다. 경기가 끝난 후 슬그머니 자기 방으로 들어가서 스포츠복권(축구)을 화투장처럼 펼쳐 맞추고 있었던 것.

나는 조심스레 말했다. "여보, 복권이 얼마치나 돼?" 아내가 대답하기를, "만원 날렸단 말예요. 에잇, 꼭 맞힐 줄 알았는데 꽝이네!" 나는 아내에게 다시 물었다. "당첨이 됐다면 얼마나 되는데?" 그러나 아내는 더 이상 말을 잇지 않는다. 복권에 투자한 돈이라고 해봤자 만원이지만 당첨금은 수억 수 천만 원의 꿈이 되기에 그만큼 낙심이 컸던가 보다.

나는 우울한 아내를 생각해 봤다. TV에서 우리나라가 아르헨티나에 4:1 졌지만 나이지리아를 이기거나 비기기만 해도 16강 가능성이 있다는 말 듣고 아내에게 기적의 힘을 보태주고 싶었다.

여보
바늘구멍에도 희망이 있대!

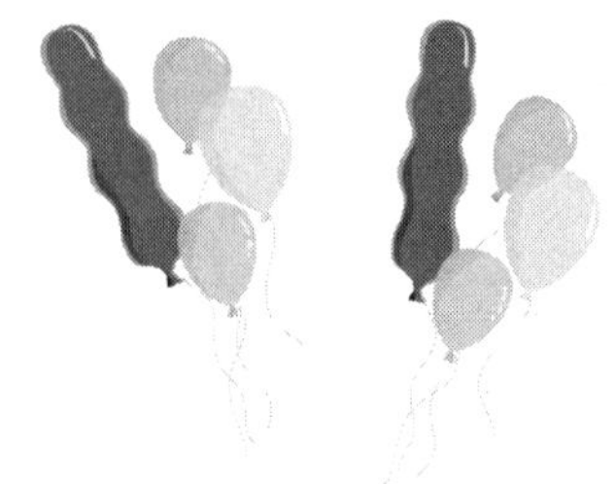

오만의 고독

컴퓨터와 사람이 바둑을 두면, 동급수일 경우 한 번은 컴퓨터가 이긴다고 한다. 그러나 그 다음부터는 매번 사람이 이긴다고 하니, 아무래도 더 똑똑한 쪽은 사람인가 보다. 요즘 사람들이 참 단순하다는 생각이 들 때가 있다. 세상을 거침없이 들었다 놨다 하면서도 그까짓 주먹보다 작은 야구공 하나에 함성을 지르며 열광한다. 그리고 경기가 끝나고 나면 진이 빠져버린 사람들은 허무의 도가니에 침몰한다.

우리 부부는 겨울 내내 수도승으로 산다. 딸자식이 넷이나 되지만 셋은 시집가고 하나 남은 자식마저 있는 둥 마는 둥 코빼기 한 번 제대로 보이지 않다가 최근에 결혼해서 내 품을 떠났다. 그래서 우리 집은 울창한 숲속의 산사와도 같다. 한때는 나이 들어서 전원마을의 자연과 벗하여 살기를 작정한 바도 있으나 이젠 그럴 필요조차 없게 됐으며 부질 없는 계획이었음을 깨닫게 되었다.

고독을 피해서 동네 CGV 영화관에 갔다. 조조상영이긴 하지만 가서보니 달랑 나 홀로 보는 영화가 돼서 어딜 가나 지지리 복도 없이 피할 수 없는 고독의 신세구나 생각이 들었다. 결국 졸며 건성으로 보다가 외손자의 방긋한 재롱을 보는 게 낫겠다 싶어서 자리 박차고 나왔다.

욕망과 열정은 사람에만 있는 것이 아니다. 우리 집 에어컨은 냅다 돌고 싶어도 수년 동안 신바람 한번 제대로 일으키지 못했다. 그야 물론 내 능력 탓도 있지만 순전히 아내의 자린고비 전략 때문이다. 에어컨 한 대가 선풍기 열대만큼 전력소모가 크다는 이유다. 그래서 애당초에는 꽤 많은 돈냥에 팔려왔으나 귀하신 손님 아니고는 내동 졸기가 일쑤고, 고독에 지쳐서 늙는다.

나는 무심코 교회당 앞을 지나게 됐다. 서울이란 곳은 종교의 천국이므로 오래 눌러 산들 손해 볼 까닭이 없다는 생각이 들었다. 그렇지만 하느님은 나를 미워할 때가 많다고 불평하는 경우도 이따금 생긴다. 다른 친구들은 잘 나가는데 나만 제자리서 맴돌 때 그렇고, 좀 튀고 싶은데도 자식이 없는 늙은이처럼 유폐돼서 철저한 고독에 꼼짝 못할 때가 그렇다.

바벨탑은 인간의 부질없는 욕망을 말해준다. 벽돌과 역청(아스팔트)으로 바빌로니아에 성(城)과 대(臺)를 만들고 꼭대기가 하늘에 닿도록 탑을 세웠다. 이는 자기들의 이름을 널리 떨치기 위한 것이었으나 하느님이 기고만장한 태도를 보시어 '사람들은 한 종족이라 말이 같아서 안 되겠구나' 하고 말을 뒤섞어 놓아 서로 알아듣지 못하게 하였다. 그리하여 탑을 완성할 수 없었으며 사람들조차도 뿔뿔이 흩어지고 정처 없는 폐

족 신세가 됐다.

그렇지만 인간의 욕망이 끝 있다 하던가. 구백구십 석 가진 부자가 천석을 못 채워서 안달복달인데 아흔아홉 석 가난뱅이 부잔들 오죽할까. 거지 쪽박만 봐도 군침이 돈다는 부자들의 속물근성이야말로 하느님 보시기에 세상을 갈라놓을 만큼 진노함이 크실 일이다. 그런데도 우리는 '사람'이란 우쭐한 이름으로 날을 세우며 오만불손한 고독을 씹는다.

하긴, 남의 가랑이 사이로 드나들기 좋아할 사람은 없다. 간혹 일신의 영달을 위해서 비굴함도 거품처럼 들이키는 수가 있기야 하지만 함부로 영혼까지 때를 묻히며 굽실굽실 대긴 정말 죽기보다도 싫은 것이 인간의 속내다. 그처럼 돈과 명예가 없어도 빳빳한 자존심 하나로 버티고 사는 사람들이 많으면 많을수록 세상이 나로 하여금 투사정신으로 무장한 경쟁의 용사가 되도록 한다.

사실 따지고 보면 사람만큼 독한 짐승도 없다. 경쟁이란 상대방을 죽이는 것이 아니다. 때려눕히는 것도 아니다. 만약, 경쟁자를 다시 일어서지 못하도록 반신불수로 만들거나 아주 숨통을 조이면 편하게 성공할 수 있다고 보면 큰 오산이다. 고객은 어리석지 않다. 혼자서 재미 보도록 가만 놔둘 리도 없지만 현명한 고객은 언제나 자기만족을 위해서 그 대안을 찾기 때문이다.

경쟁에서는 '따놓은 당상'이 존재하지 않는다. 혹여 있다고 하더라도 아무 의미가 없는 야합일 뿐이다. 예컨대, 100m 육상선수들은 간발의 차이로 순위의 다툼이 치열하다. 마라톤 선수도 마찬가지다. 분(分)과 초(秒)를 놓고 다투는 싸움이다. 다시 말해서, 이 세상에 완전한 자기 밥그릇은 없으며 언제 누가 치고 들어올지 현재의 자리마저도 불투명하다.

시간은 무턱대고 간다. 생존의 정글에서 살아남자면 머뭇거릴 여유가 없다. 우두커니 서 있기보다는 진보적인 눈으로 깜박대며 늘 깨어나 있어야 한다. 자칫하여 인생이 인생을 까먹는 사이에 가을 모퉁이 쭈그리고 앉아서 허무를 들이키는 늙은이가 되기 십상이다. 껌을 씹어도 고독은 달아나지 않는다. 아, 그 땐 하늘 가까이에서 돌아다본들 아득하며 회한만 남을 뿐이다.

위기의 황혼

얼마 전 '애플'의 창업자 스티브잡스(steve jobs)가 췌장암으로 사망했다. 그는 젊은이들의 우상이었다. 유작으로 남긴 '아이패드(ipad)'가 지금 세상에서 그의 이름을 빛내고 있지만 부와 재능을 내려놓고 우리 곁을 떠났다. 그리고 영생불멸을 꿈꾸던 북한의 김정일 위원장도 죽었다. 하지만 죽어가는 사람들이 두 사람뿐이겠는가. 모든 생명은 언제가 가고야 마는 것을...

TV뉴스에서, 자식 같지 않은 자식이 노부모에게 행패를 부리고 폭행을 일삼다가 그도 모자라서 사설요양원에 억지로 감금시킨 사건이 세상을 발칵 뒤집어 놨다. 이에, 어떤 이들은 도덕과 윤리가 땅에 떨어졌다 말하기도 하고, 또 어떤 이들은 세상이 말세라고 한탄하며 국가의 장래가 걱정된다 하였다.

그렇다. 지금 지공선사(지하철 공짜로 타는 노인)께서 패륜의 자식들을 보시고 '부모자격국가고시' 제도를 도입하여 합격자만 아이를 낳게 해야 한다고 주장하는 정도다. 이 같은 탄식을 듣고 웃어야할지 아니면 울어야할지, 얼핏 코미디 같은 말이긴 하지만 가만히 새겨서 들어보면 화도 나고 우울해진다.

나의 선친께서 나에게 대장간에서 대장장이가 나온다고 말씀하셨다. 속된 말로 부전자전(父傳子傳) 그 애비에 그 자식이란 의미다. 부모가 바르지 않은 부모 밑에서 성장한 아이는 그대로 본받을 수밖에, 그래서 결손가정에서 문제아가 생기고, 그 문제아가 도리어 부메랑이 돼서 부모에게 앙갚음하는 범죄로 이어진다는 것이다.

그건 그렇고, 나도 칠순이 코앞이다. 큰딸이 불혹의 나이가 됐고 손자들도 여럿 생겼다. 그러나 요즘 나는 나이가 자랑할 게 못 된다는 것을 실감하며 살고 있다. 어떤 이들은 오라는 데는 없어도 갈 곳이 많다고 하는데, 나는 오라는 곳도 없으며, 보트피플처럼 갈 데조차 마땅치가 않다. 그리하여 내 인생은 내 나이에 스스로 파 먹히고 산다고나 할까.

나는 동네서 공을 차던 조기축구 마니아였다. 근데도 요즘은 굴러오는 공마저 제대로 걷어내지 못할 정도로 순발력과 정확도가 떨어졌다. 그리고 바둑이 5급 정도다. 지금은 7급 수준 될까 말까다. 경력이 40년이면 경지에 오를 만도 한데 도리어 전술과 전략이 답보에 이른 것이다. 당구도 200 정도에서 반 실력으로 감히 큇대 잡을 엄두조차 못 내는 처지다. 한 때는 마라톤 풀코스에 도전할 생각도 했으나 지금 뛴다면 5 리도 못가서 주저앉고 말 것 같다.

그 지경이 됐다. 나는 집에서 정신연령이 미성년자다. 사실은 아내가 철이 없다고 놀리는 이유다. 금방 한일을 까먹고서 뜬금없이 말을 한다든지 얼토당토아니한 말로 주변 사람들을 당황하게 만들기 때문이다. 그리고 이 나이 먹도록 늘어난 것은 잔소리뿐이다. 장년도 아니고 늙은이도 아닌 내가 구박을 당하면서까지 왜 그러는지 모르겠다.

오늘도 아내는 한마디 한다. "아이고, 웬수 언제 철이 들까…" 그러다 혹여 말이 씨가 될까봐 이내 말을 바꾼다. "아니, 철들지 말고 그냥 그대로 사슈!"

> 외손자 돌본다며/ 일찌감치 방안에 틀어박힌 姜영감/ 세상에서 둘도 없는/ 친구지만 맞배지기 상대가 안 돼// 참나무 같은/ 어깨 삭아서 대책도 없이 내려앉은 기백/ 하늘이 가깝다며/ 희망과 명예도 내려놓고 애기처럼 웃어보지만/ 모진 풍상에 구겨진 초상이 허무로 아롱진다// 청춘아 그리고 사랑아/ 세월의 자국이 이처럼 슬픈/ 가슴 어딘들 순정이 남아 있겠냐마는/ 나도 한번 사랑다운 사랑하고 싶다/ 숨 가쁜 들판에 스미듯 사랑을 받고도 싶다 (졸시:姜영감 전문)

현명한 노후

TV 동물농장, 늦은 오후 나무그늘 밑 낮잠에서 깨어난 사자가 늘어진 허리를 한 번 쭈욱 기지개 펴고 나서 사냥감을 찾아 나선다. 그러다 느닷없이 시속 100km 넘는 속력으로 내달려더니 저보다 몇 배나 덩치가 큰 코뿔소를 단숨에 덮치자 식구들이 우르르 몰려들어 합세한다. 그것이 아프리카 사자들의 생활방식이다.

동물의 세계는 힘이 절대적이다. 강자만이 살아남을 수 있으며, 최고의 강한 자만이 우두머리가 된다. 비단 사자뿐만 아니라 다른 동물들도 마찬가지다. 서로의 경쟁에서 이기는 자가 무리를 이끌어가며, 여하를 막론하고 힘이 쇠하면 모든 권리를 포기해야한다. 그러나 우리네 세상은 도덕과 윤리를 중시하기 때문에 엄격한 불문율의 질서를 지키고, 만약 어길 경우 버릇없는 사람으로 추락하고 만다.

요즘 中老人들의 수난시대라고 한다. 평균수명이 증가하고 노후생활이 길어짐에 따라서 하루 24시간 어떻게 무엇으로 보낼지 갑갑하고 마음 둘 곳조차도 마땅치 않다. 통계청 자료에 따르면 20년 이상 동거한 부부가 이혼하는 황혼이혼율이 20년 전보다 4배 이상 증가한 것으로 나타났다. 특히 이혼 요구를 아내가 하는 경우가 급격히 증가하고 있다는 것이다.

나이든 엄처와 함께 사는 방법이 없을까. 최근에 모TV에서 마누라로부터 버림받지 않고 살아가는 몇 가지 방법에 대한 이야기를 들었다. 1) 하루 내내 얼굴을 맞대지 마라. 2) 날마다 집에만 있지 말고 1주1회 이상 외출을 하라. 3) 혹 나가더라도 어디 가느냐고 묻지도 말고 따지지도 마라. 4) 최소한 점심은 자기가 알아서 챙겨 먹어라. 5) 전화가 오거나 받더라도 누구냐고 꼬치꼬치 묻지 마라. 등등인데, 참 기가 차지만 노년의 현실이다.

퇴직 후 30년의 시기를 핫 에이지(Hot Age)라고 한다. 말 그대로 열정을 가지고 또 다른 인생을 사는 시기라는 말이다. 사람은 나이를 먹어서가 아니라, 열정이 사라지고 할 일이 없어지면 그때부터 늙기 시작한다. 지금 무슨 일이든지 하고 있다면 청춘이라고 봐야한다.

열정은 직장이나 사업상 할 수 없었던 일들을 다시 도전하는 에너지가 된다. 꿈꾸던 여가생활을 통해서 여유로운 은퇴생활이 가능하기 때문이다. 하지만 인생살이가 그리 녹록치 않다. 젊어서 떼돈을 벌어 놓았어도 백수는 환영의 대상이 아니다. 그야말로 엄처(嚴妻)와 살아가는 법을 잘 터득해야 현명한 노후의 대책이라고 말할 수 있는 것이다.

누구나 더는 초라하지 않은 노인이기를 바란다. 나이가 들면, 친구가 필요하고 자식들의 효심도 중요한 노인들의 복지가 되지만 무엇보다 자신의 가장 강력한 후원자는 부부다. 韓美日 고령자 중에서 한국부부가 함께 보내는 시간이 가장 적은 반면 각자가 자신을 위해 쓰는 시간은 가장 많다고 한다. 남자도 쉬는 날은 서비스보이로서 아내를 위한 홈 키퍼가 돼야 한다.

정말 노인네는 희망이 없는가. 좌절할 이유가 없다고 본다. 비록 굼벵이처럼 느리고 번뜩하진 않더라도 어딘가에 쓰여질 용처는 있는 법이다. 우리가 평균연령 백세사회에 살자면 풍부한 경험의 소유자로서 지금 새로운 세상을 개척해도 늦지는 않다고 생각하기 때문이다. 젊은이들에게는 꿈이 밑천이지만 노인들은 건강이 한 밑천이다.

> 인생사/ 아무데 기댈 곳이 없어도/ 길 하나 있음에// 가다/ 서다/ 돌아서고 보면 / 어언 몸이 헐고/ 때가 묻은 허무 이야기// 황혼역 승객은/ 돌아올 수 없는 차표 한 장 들고/ 벙어리 신호등 앞에서 길을 묻다 (졸시 : 벙어리 신호등 전문)

황혼의 미팅

孫 : 할아버지, 힘내세요. 작가시잖아요?

祖 : 글렀다. 죽어라고 써보지만 돈도 안 되고, 인기도 없고...

孫 : 걱정 마세요. 우리가 있잖아요?

祖 : 고맙구나. 그러나 나도 여자친구가 생겼으면 좋겠거든!

나이든 아내가 옆에서 듣고 있다가 한마디 한다. "능력이 있으면 열 명이라도 데리고 살아 보슈. 나 상관 안 할 테니..." 하지만 말 속에 뼈가 박혀 있었다. 제 식구 하나도 제대로 다스리지 못하는 주제에 바람을 피우고 싶다니 가소롭고 가관이라는 뜻이다. 그리하여 나도 한마디 할 수밖에,

"열은 너무 하고, 태평양 어느 섬나라 여자들 몸값이 싸다고 하는데 당신 하는 일 대신 시키면 되잖아!"

이이고, 고양이가 주인 생각하는 거 봤쑤? 됐네요!"

장수는 청춘의 연장을 의미한다고 본다. 젊은이 로맨스는

로망(roman)이고, 노인들의 로맨스는 노망(老妄)이라고 한다지만, 장수 사회가 발전할수록 여러 가지 황혼의 풍속도가 생기기 마련이다. 뒤늦은 이혼과 재혼으로 제2의 인생을 설계하는 새로운 노인문제가 대두 되면서 우리 사회에 물방울처럼 확산되는 추세다.

대개 5,60대 노인들의 이혼사유를 보면, 가정폭력, 잦은 외도, 성격차이, 재산문제 때문이라고 한다. 남은 인생이나마 참으로 자유로운 여생을 실현하고자 하는 욕구는 누구나 가질 수 있는 욕망이다. 노예가 아닌 바에야 요즘과 같이 좋은 세상에 하인이나 여종처럼 맨 날 욕먹고 매맞아가며 정상적인 부부생활마저 외면당하고까지 살아갈 사람은 없다고 봐야한다.

황혼의 미팅, 그러나 연애는 ok, 결혼은 no!

황혼이 외치는 구호다. 혼자인 경우 재혼보다 이성의 친구를 더 선호한다고 한다. 다들 실패한 경험들이 있기에 경제적 혹은 정신적인 부담감 때문이기도 하고 식구들에 대한 배려이기도 하다. 어쨌거나 여자를 사귀자면 무엇보다 돈이 필요하다. 재혼을 하려고 하면 경제력이 뒷받침 돼야 하는데. 그러다보니 소득이 적은 노인들일수록 연애도 어렵지만 재혼은 더 힘들다고 푸념한다.

맞다. 노인이 돈마저 없으면 사실 인기가 없다. 남자들은 재주가 곧 현찰이나 마찬가진데 돈 없고 재주도 없다면 도둑이 아니고서야 좋은 여자 만나긴 틀렸다고 봐야한다. 바로 나 같은 경우일 것이다. 164는 어디에도 대볼만한 곳이 없다. 78 과체중에다 끼도 없고 노래까지 음치, 인상마저 밉상으로 생겨먹은 비호감 남자는 곤란지사이기 때문이다.

나도 어쩌다 상남자일 때가 있다. 그때마다 무정하기 이를 데 없는 나이든 아내가 알 리도 없겠지만 예쁜 사진을 보거나 여배우들의 섹시한 모습에서도 야성적인 혼란이 생긴다. 나는 그때마다 TV 틀거나 블로그에 들어가서 내 글들을 다시 보며 평정심을 되찾아 일상으로 돌라간다.

오늘은 용기를 내서 초등학교 여자짝꿍에게 전화 한 번 해볼까. 야트막한 산 아래로 불러내어.. ㅋㅋ, 슬며시 손목이라도 잡아보는 소년이고 싶다.

황혼의 性

조선시대 때 기녀의 조건은 인물도 인물이지만 손님을 구워삶을 줄 알아야 했다. 남여상렬지간에 소리는 지르는 것이 아니라 새어나오도록 하는 거였다는 것이다. 지하철에서 짧은 치마를 입은 여자가 앞에 서 있거나 앉아 있으면 시선관리가 매우 난감해 진다. 그러나 내가 그런 여성을 바라보는 것만으로도 생에 보람이라고 생각한다. 성이란 신이 인간에게 내린 최고의 선물이기 때문이다. 따라서 성은 신세대 골드노인들의 여망이고 실버사회의 새로운 가치관이다.

대한민국 65세 이상의 노인인구가 542만 명이라고 한다. 그중에서 서울에 사는 65세 이상 노인 10명 중 3명꼴로 성관계를 갖는 것으로 조사됐다. 서울시립대(産學協力團)가 공개한 '노인의 성(性) 실태 설문조사' 결과에 따르면 노인 1000명 중 28.4%가 '월 1회 이상 성관계를 한다.'고 대답해 황혼의 성이 여전히 꺼지지 않은 불임을 증명했다. 그리고 성관계 유무와 별도로 전체 조사대상 노인의 21.7%는 이성친구가 있다고 답했다.

부럽다. 다 늙어서 무슨 성이냐며 말조차 꺼내기 쑥스러운 이 황혼의 성이야말로 신이 내린 보약이 아닌가. 사람은 누구나 나이를 떠나서 사랑하고, 또 사랑을 받고 싶어 한다. 윤리와 도덕의 사슬에 얽매여서 오금을 못 펴고 사는 것이 서운하긴 하지만 2018년에 65세 이상 노인이 전체인구의 14%를 차지한다고 한다. 그렇다면 로맨스 세대들이 지금보다 분명해지고, 노인교제도 활발해 질 것이다.

한마디로 사는 재미란 장맛과도 같다. 숙성이 잘된 간장일수록 그 깊은 맛이 일품이다. 그러나 3,4월에 눈이 내린다 해도 우리는 그것을 피할 수 없다. 인생은 비를 맞아도 가야한다. 내가 걷는 길에서 바람을 만날지라도 비가 개이고 바람이 그치고 나면 고마운 햇살이 거기에 있기 때문이다.

살다보면 자신을 객관적으로 볼 기회가 생긴다. 누구에게나 개성과 빛깔이 있는 것처럼 그것을 찾아내서 잘 자라도록 하는 게 가장 매력의 소유자 아니겠는가. 아름다운 인생이란, 자기 안에서 엄청난 가능성을 발견하는 것이다. 꿈도 없고 사는 게 사는 것이 아니라면 살아도 산다고 볼 수 없다. 막무가내 노욕은 통하지 않는다. 그러나 통하지 않더라도 혹은 통하게 하는 것이 노인의 힘이다.

요즘 황혼의 재결합이 급격히 늘었다 한다. 아무래도 혼자보다는 낫고, 아무리 자식들이 잘해준다고 한들 아침마다 말을 건네주는 부부의 호강만 하겠는가. 혹여 아옹다옹할지라도 우리는 더 이상 외로움에 젖어서 살 필요가 없다고 본다.

일부종사(一夫(婦)從事)는 옛말이다. 그렇다고 이혼을 밥 먹듯 해도 괜찮다는 말이 아니다. 아무리 금슬이 좋은 부부더라도 사별을 했다면 팔자 고쳐서 요망지게 사는 것이 자녀들에게 누가 되지 않고 추하지도 않다는 말이다.

우리에게 가장 불편한 것이 부실한 건강이다. 그야 물론 사랑이고 나발이고 독거노인들은 혼자라는 사실이 무섭다. 노인에게 두려운 것은 고독이요, 추위와 굶주림도 위협적인 악마다. 오늘도 파고다공원에는 우리의 과거가 있다. 비록 등이 휘어져 있을지라도 왕년의 별들이다. 이따금 무임승차권으로 끝닿는 데까지 왔다갔다 해보지만 결국 노인은 무거운 외로움에 지친다.

TV에서, 90살 노인 할머니께서 돌아가신 할아버지에 대한 그리움이 사무친다 하시면서 눈물을 닦으시는 모습을 봤다. 요즘에 와서 나도 왠지 가슴이 뛸 때가 있다. 그런데, 오늘 아내가 말하기를, 다홍치마에 댕기머리를 하고 싶다고 한다. 나도 고백을 했다. 이따금 그런 우발적 충동을 느낀다고, 정말이지 노인 10명 중에 딱 세 분, 그 '골드변강쇠' 안에 나도 끼었으면 참 좋겠다. ㅋㅋㅋ…

황혼의 승객

요즘 수직으로 대형건물들이 늘어나는 것을 보면 더 오래 살고 싶은 욕구가 생긴다. 예전에는 환갑을 넘기면 장수했다고 온 동네잔치까지 벌리곤 했는데 팔십도 우습게 여기며 구십 정도는 채워야 살만큼 살았다 한다. 때문에 환갑을 넘겨도 중년이라 부르고 어른 대접은커녕 육갑(六甲)을 더 늘리거나 새로 고쳐야 할 판이다.

17대 대통령선거 때 일이다. 여당(민주당) 정동영후보가 보수성향이 짙은 노인들에게, '60대 이상 70대는 투표 안 해도 괜찮다며, 무대에 퇴장하실 분들 집에서 쉬셔도 된다.'고 말해 암암리 주권포기강요를 한바가 있었다. 그리고 18대 대선 중에는 젊은층 투표를 독려하는 과정에 꼰대들 '늙은 투표에 인생을 맡기지 말자'고 했다가 논란이 되자 사과한 적이 있다. 그러나 나이 먹은 것조차 서운한 판에 독사발 같은 비하의 발언 때문에 자괴감이 들었다.

누구나 황혼의 대합실을 서성이는 승객이 된다. 아주 먼 곳을 향하여 친구도 버리고 한 점의 혈육도 버리고 결국은 평생

동안 함께 살았던 아내마저도 이별을 재촉해야한다. 그리고 세상의 모든 인연까지 끊고 혼자 조용히 떠나야한다. 생각하면 참으로 아쉽고 슬프다. 하지만 내 인생의 남은 시간이 얼마일지 모르지만 철저하게 시간을 소유하고 싶은 게 솔직한 심정이다.

지금 자신은 과거의 모습니다. 그리고 미래의 자화상이다. 어떻게 마음먹고 행동하느냐 따라서 방향이 달라지기도 한다. 나를 제대로 다스린 사람은 다스린 만큼 억울함을 줄일 수 있을 것이다. 힘 있고 한가로운 노인을 위해서 젊음을 저축한 사람은 지혜로운 사람이다. 언젠가는 등이 굽어질 텐데, 황혼의 일등석 승객이 되기 위해서 더 늦기 전에 새로이 미래를 준비하는 노인이 되자.

> 하늘이 반쯤 가려진 山 아래/ 눈물에 젖은 흙을 삽으로 떠서/ 영가 서린 곳에 누님 하나 땅에 묻었다// 아직 다 못 풀고 덜 사려진/ 이승의 사연, 깊이깊이 묻으면서/ 다음에 누군가 나도 이렇게 묻겠지 했다// 상엿소리 저승 문에 이르러서/ 누님은 헛한 미소와 창백한 손을 내저으며/ 해진다. 어둡기 전 어서 내려가라 하시지만/ 나는 차마 멈칫멈칫 뒤돌아 길을 익혀 두었다 (졸시: 북망산 전문)

힐링(healing)

누구나 한두 가지 정도는 말 못할 고민덩어리를 품고 산다. 겉보기는 행복해 보이고 부러울 것이 없어 보이지만 돈 많다고, 아니 높은 지위에 있다 해서 모든 생활이 다 만족하지는 않기 때문이다. 살다보면 의외로 원치 않는 것들이 불거지거나 다른 부족함에 대한 고민들이 삶의 무게를 가중시킨다. 그래서 괴로움을 지우고 삭히는 지혜가 필요하다. 육체적인 피로와 마음의 병을 달고 사는 이 시대 우리야말로 위안과 치유의 대상이며 행복결핍증후군이라고 말해도 과언이 아니다.

누구나 도움 없이 혼자 살 순 없다. 대개 자기 고집대로 독불장군처럼 교만한 생활을 하는 사람들은 대다수가 상대적 열등의식 속에서 후회하는 삶으로 구차하게 사는 경우가 많다. 멘토는 누구에게나 필요하다. 나이가 많고 적고를 떠나서 지위고하 막론하고 모든 고민 따위 다 들어주며, 아낌없이 문제 해결에 도움까지 주는 내 마음의 은신처 내지는 기댈만한 대상이기 때문이다.

나도 두 분의 롤 모델이 있다. 나보다 인품이 워낙 크신 분들이라서 감히 그림자조차 따르지 못했으나 멀찌감치 그분들의 삶을 내심 눈여겨보며 꿈꾸어 왔던 것이 사실이다. 그분들은 다 30년 동안 나와 함께 비즈니스파트너로서 한 분(吳)은 현재 서울 강남 압구정동 사시고, 다른 한 분(金)은 호주 시드니 살고 계신다. 지금은 현역서 은퇴하여 각자 한가한 노후생활을 하지만 나는 아직도 내 가슴 속에 그분들을 정중히 모시고 이따금 번갈아 보며 적잖은 위안을 얻는다.

살면서 무엇을 어떻게 담고 퍼내는가가 곧 우리 삶의 방식이다. 담는 자, 퍼내는 자 또한 내려놓지 못하는 욕심 때문에 갈등과 번민의 사유가 된다. 나의 스승(吳)은 아무렇게나 되는 대로 담는 삶이 아니라. 넘치지 않을 만큼 적당히 담아 들이는 현명한 방법을 몸소 보여주셨다. 그러한 성실하고 절제된 생활태도가 훌륭한 자녀교육과 든든한 가정의 근간이 돼서 오늘날 한가한 노후생활을 즐기는 부러움의 대상이 되었다.

또, 한분(金)의 스승께서는 정신적 지주로서 자신보다 남을 먼저 생각하며 아가페 정신이 투철하신 포용의 가슴을 가진 분이다. 어떤 경우라도 남을 농락하거나 거짓을 꾸미지 않는 반듯한 생활습성으로 아낌없이 주는 나무처럼 사랑의 전도사다. 평소 칭찬과 위로의 말 한마가 나에겐 큰 용기였으며, 크고 작은 고비 때마다 구원투수처럼 경제적 도움까지 주셨기에 매번 격한 감동을 주체할 수가 없었다.

나는 두 분을 통해서 '절제'와 '포용'의 삶을 본받으려고 했다. 물론 다른 사람의 삶을 카피한다는 것은 불가능한 일이라고 생각한다. 다만, 다른 삶의 궤적을 거울삼아서 앞으로 살아갈 자기 생활에 선용한다면 그것이야말로 유용한 방법이라고 생각했던 것. 그러나 그 또한 쉽지가 않아서 표어처럼 벽마다 붙이고 살아도 닮기는커녕 사는 게 아직 팍팍하다.

인생의 가장 치명적인 약점은 내려놓을 것이 너무 적다는 것이다. 그래서 항상 가슴이 답답하고 무겁다. 점점 비만증세가 심하면 심할수록 나이든 아내의 미소조차 위로가 되지 못한다. 이럴 땐 고향의 풀 한포기, 몇 안 되는 친구들이 왠지 그립지만 영영 못 볼지도 모른다는 절망감이 나를 시름에 빠지게 한다.

묻는다.
누가 병든 나를 치유해 주는가.

가슴에 훌륭한 스승을 모시고 진단을 받아야할 것이다. 그 처방대로 실천한다면 분명한 약효가 있을 거라고 믿는다. 나이 들었다고 약해져서는 안 된다. 가난하다고 실망해서도 안 된다. 일자리 때문에 분노의 노예가 돼서도 안 된다. 세상에 잘못 태어났다고 자학하지 마라. 그대가 지금 앓고 있는 병이란 마음으로부터 생긴 병이기 때문에 마음으로 다스려야 하느니라.

후기

하느님이 보시기에…

내가 문단에 발을 들여놓은 지 어언 20년 됐다. 남들은 나보고 중견작가라고 말하지만 솔직히 말해서 아직도 설익은 사과처럼 겉만 불그스레할 뿐 속은 온통 시고 비리며 파랗다. 그러나 다 잡은 문고리를 놓기란 쉽지가 않다. 모든 호사를 마다하고 연습해 온 터라서 쉽게 멈출 수 없었다. 글을 쓰면서 내내 통증을 느끼곤 했다.

나는 비교적 작품에 공을 들이는 편이다. 호수에 고기가 많으면 고르기가 편하고 성공의 확률도 크다 생각하기 때문이다. 작품은 왕도가 없다. 무턱대고 써보면 써보는 대로 확실히 탄력이 붙고, 그만큼 완성도에 내공이 쌓인다고 본다. 한마디로 문맹은 눈이라도 보호하지만 아무 노력이 없이 작품이 나올 리가 …

'몰래 찾아온 바람의 교태'는 인생의 역동작이다. 가난한 행복도 있다는 것을 보여주고 싶었다. 내 인생의 구린 곳을 마다하지 않고 다수 고백한 작품들도 있으나 남의 얘기처럼 혹은 남의 사연을 내 일처럼 쓰기도 했다. 작품에 대한 평가는 독자의 몫이라서 가타부타 입장이 아니지만 삶의 유익한 실마리가 된다면 좋겠다.

작가는 단 한사람의 독자일지라도 그 독자로부터 많을 힘과 용기를 얻는다. 경제적인 문제로 준비가 생각보다 길어졌으나 끝내고 나니까 마음이 홀가분하다. 앞으로도 독자에게 보답할 궁리를 하겠다. 계속 관심과 격려를 기대하는 바다.

(정촌) 김 동 기 쓰다.